夏目日美子の この世とあの世のお話

夏目日美子

今日の話題社

緒論——神様と出会ってみよう!

フランスのサン＝テグジュペリの名作『星の王子さま』の中に、きつねと星の王子さまのつぎのような会話があります。

きつねは王子にいいます。

心で見なくちゃ、ものごとはよく見えないってことさ。かんじんなことは、目には見えないんだよ……

何と重みのある言葉でしょう。

この「かんじんなことは、目には見えない」という部分は神様の世界にも通じるものがあります。

たとえば、空気は目には見えません。

しかし、人間が生きていく上で絶対に必要なものであります。

神様もはっきりと見えないから信じられないというのは、人間のエゴではないでしょうか。

二十一世紀は長びく不況も手伝って、暗い幕開けとなりました。人心は日に日に悪化し、残忍な事件が頻発し、世相も暗く、私たちをとりまく環境も目まぐるしく変化しています。神様だ、仏様だ、という宗教界も日々変わっていくことでしょう。

戦後――そう昭和三十年ごろ、わが国は決して豊かとはいえませんでした。しかし、生きることへの確かな手ごたえがあり、人々は地に足のついた生活をしておりました。

現在、都市は整備され、田舎も都市化がすすみ、あり余るほどのものが私たちのまわりにあふれています。

捨てる方法を説いた本がベストセラーになる時代です。しかし、私たちは本当に大切なものをどこかに置きざりにしてはいないでしょうか。

かつて日本人がもっていた思いやりや情緒は、一体どこに忘れられたのでしょう。若い人たちの心はどこか虚《うつ》ろで、受け皿をもたない人々や居場所のない人々があふれています。そして、淋しさを紛らわすことのできない心の重症患者が、いじめに象徴される学校の子ども同士の関係のなかにも、あるいは職場における人間関係のなかにも、数多く見受けられます。

この鬱積した時代に、ちょっとどこかに明るい道すじがないか、考えてみませんか。

えっ、「神様の話なんてまっぴら」ですって？　「そんなのつまんないよ」ですって？

でも、少しだけ待ってください。たしかに神様のことなどとっつきにくいし、たとえば、

御利益があるかどうかわからない。

この忙しい時代に時間をかけて特定の組織に入るのは面倒だ。

うーんとお金をとられたり、寄進をさせられるのではないか。

最初はうまいことをいっても、結局やめるにやめられないカルト集団ではないのか。

御祭神はきちんとした神様なのだろうか。

などなど心配の種は尽きません。そして、入信したら入信したで、修行とか戒律がきびしくてついていけるかどうかわからない、という不安をお持ちになるのがみなさんの本音ではないでしょうか。それというのも、社会的におぞましい事件を引き起こし、

多くの被害者をだしてしまった、宗教の名をかたり隠れみのにした団体が暗躍したからにほかなりません。

一方、最近の風潮をみるに、この国では社会ルールが守られず、人心は悪化し、全体に殺伐とした気を感じざるをえません。日本の現状に対し、エンジンに不調をおこしたジェット機が、かろうじて風に舞っているような危うさを感ずるのは私だけでしょうか。

本来、日本の国は神様によってつくられた貴い国なのです。みなさんお一人おひとりが、神の末裔たる栄光を負っているのです。もともと天皇が統治されてきた万世不易の神随《かんながら》の国なのです。

二十一世紀に入ったことを機会に、宗教界にもさわやかな風が吹くべきだと思います。拙著で、この世とあの世の大安心を得ていただき、さわやかな風をこころに吸いこんでいただくことができれば、これに過ぐる喜びはありません。

夏目日美子の　この世とあの世のお話　目次

写真提供　八幡書店

夏目日美子の　この世とあの世のお話

第一部　この世のお話

一、人間の御利益主義

「苦しい時の神頼み」と申しますが、昔の人はよくいい当てたものです。

さあ困った、どうしよう。生命の危機、長びく不況、病気、貧困、自己破産、離婚、失恋、家庭崩壊など、人は万策尽きたとき、やっと重い腰をあげます。

しかも、人間は御利益《ごりやく》主義かつ経験主義ですから、御利益のない神様のところへはまず行かないのです。

しかし、神様にお願いをするにも、現実の問題として「神頼みのノウハウ」があることは、一般にはあまり知られていないのではないでしょうか。

そもそも、人は生まれるのが必然であれば死ぬのも必然です。しかし、現世に生きている以上、「幸福になること」「願いが叶うこと」の二つはとてもありがたいことに違いありません。

幸福になり、願いが叶う方法――つまり神頼みのノウハウの秘訣を、私の二十一年間の研究と経験の成果として、今回、本書で初公開することにいたします。

さて、「神頼みのノウハウ」ですが、まず神様に手を合わせることのできるのは人間だけだということを念頭において下さい。ほかの動物は手を合わせるということをいたしません。

これは人間が、遠い昔より神の御分霊《わけみたま》であったからにほかなりません。

さらに、人として幸福な人生を全うするためにはどうしたらいいのでしょうか。「神頼みのノウハウ」とは、神様のお働きがどこにあるのか、そのためにはどのようなプロセスを経るといいのかを知ることなのです。

二、信仰の入口

はじめに、神祭りをしてみようとか、神道の信仰をやってみようと思われた方が、どのようにしたら神様の御力（御利益）が頂戴できるかを考えてみましょう。

（一）神様を十分に祭る

御祭神のお札を中心に、お榊一対、御神酒、水、米（五穀の代表）、初物や賜《さず》かりものを清浄にして供えます。具体的には、神棚を整え十分にお祭りすることです。以下、神棚の祭りかたに関する一般的なノウハウ（基礎知識）を順を追ってご説明しておきます。

神棚の祭りかた

1　神棚を設ける

神棚は家族や住居を守護していただく神様を祭るところです。一家の精神的中心になります。神棚を祭る場所は、清浄で明るく、静かな高いところがいいでしょう。また家族全員が集まる部屋が好ましいでしょう。神棚は、南または東向きに設け、そこに日頃信仰している神社のお札を、毎年正月新しくお受けしてお祭りします。

神棚の中央には宮形《みやかた》を安置し、正面に鏡、左右に榊や灯明道具を立て、前面に雲板をつけ、注連縄《しめなわ》を張ります。幕を張ってもかまいません。

2　神座の順位

神棚が整ったら、宮形のなかに神さまのお札を納めます。お札には神霊が宿っています。そこから出てくる目に見えない神霊が、家族を守ってくれるのです。

神座の順位は、正面中央を最上位、次が向かって右、その次が左と定められています。いろいろなお札を羅列するのは、神への冒涜になりますから避けたいものです。

3　神饌《しんせん》を供えて祭る

神棚の祭りは、神饌を供えて神恩に感謝し、祈願することが基本です。これによって神の加護が得られるのです。

神棚には毎朝神饌を供えます。毎日の供え物は、米、塩、水の三種でかまいません。塩は山形にして土器に盛ります。水は水器などに盛って、これらを三方か折敷にのせます。この時、水器の蓋はとっておきます。折敷や三方は、縁にとじ目のある方を手前に向けるようにします。

毎月一日や十五日、また祭日や家庭の記念日には、ふだんのお供えに加えて四季の初物を供え、お祭りします。

以上の1〜3が神棚を祭る基本ですが、そのほかにもさまざまなノウハウがありますので、それらについても簡単にまとめておきましょう。

時には料理をし、あるいは生のままで清らかな器に美しく盛って供えます。供物は後でお下げして、一家で楽しく頒ちいただくようにします。神饌の台数が多い時は、まず向かって右、次に左というように供えます。

毎月一日や十五日、神様の祭日など特別の日には、とくにお祭りをして深く神恩を報謝し、現状を報告します。そして、今後ますます勉励して神意にそうよう努力し、その日その日の意義を明らかにするとともに、神様の御前に互いにむつみ楽しみ、その御守護のもとに幸福な生活を営むようにしなければなりません。

また、祝詞《のりと》を奏上し、その後で音楽や舞踊をして神慮をお慰め申し上げるのもいいでしょう。みなさんが新たに考案したり、創作したものを神様の御覧に入れることも、とても意義深いことです。いずれにせよ、敬神と清浄がお祭りには大切であることを忘れないで下さい。

しかし、一般には朝と就寝前に参拝すればよいのです。神饌（お米とお塩）も、一日と十五日にお榊を取り替える時、つまり月末と十四日の二回お取り替えしましょう。ただし、お水だけは毎日取り替えて下さい。

ここまでお話をしてきますと、「神棚を整えるのなんて面倒！　いやな人はどうすればいいの？」というお声が聞こえてきますね。

そういう方は、まず最初に、「天之御中主大神様《あめのみなかぬしのおおかみ》」を御祭神としている神恩教本部（東京都墨田区）に一日と十五日に直接参拝に行き、神様のお力で守っていただくという方法がありますので、そこからスタートして下さい。

神様を十分に祭るということは信仰の第一歩なのですが、何らかの事情で神棚を設けられないとか、お札すら置けない方は、一日と十五日の「天之御中主大神様」への参拝でかなりの効果を上げることができるからです。参拝により気持が鎮《しず》まり、ご自身の魂が落ち着くのです。

現代の人は、神様を十分に祭るということを忘れてしまったために、十分な生活ができない、十分なことができないという、ないないずくしになっていることに気づいておりません。

信仰には三つの柱があります。

一、神様の御神意（御心《みこころ》）はどこにあるのか。

二、いかにして神様の御魂《みたま》のふゆ（御利益）を頂戴できるか。

三、いかにして神様の恩に報いるか（感謝と奉仕）。

天之御中主大神様は、元神《もとがみ》ですので、そのお働きも最強、最大、最高のパワーがあります。

（二）感謝と奉仕

神道では、人間も自然も、すべて等しく神様によって生み成された存在です。神と人とは、生んだ親と生まれた子供の関係にあり、切っても切れない温かい血で結ばれています。「神は人なり、人は神の子なり」という考え方は、ここからでております。

神道にあっては、自分の生命と霊魂は親から授けられたものであり、さらに祖先から継承されてきたものであり、そしてはるかな祖先から祖霊に連なり、生命の神々、天地創造の神々にまでたどりつくのです。日本の神が「八百万」といわれながら、

「多神にして一神、一神にして多神」とされるのはこのような道理からです。そして、その元の一神を天之御中主大神様と申します。天之御中主大神様こそが、宇宙創造、天地創造の元の元の神様なのです。

天之御中主大神様のお力がいかに素晴らしいのもであるかは、願かけをなさると一番よくわかります。

たとえば、お子様の登校拒否、良縁の授かり、各種国家試験、受験、仕事、対人関係、事業、子供を授かるなど、その御神力顕現のほどは、枚挙にいとまがありません。

また、現在およびこれからの神道の新しい神頼みとしては、代替医療、願望実現、瞑想、内観などに、天之御中主大神様の御神力を核とした最先端の展開がなされており、それぞれ大きな効果をあげております。

三、神様は生きている

「神様は生きている」そういい切ると、まず確実に「何、変なことといっているのだろう」と思われます。しかし、神様は絶対に生きていらっしゃるのです。「じゃ、その証拠は」と聞き返されます。

非常に霊感の強い方や霊視のできる方なら、祝詞を奉上すると、金色の放射状の光が、きらきら輝きながらふりそそいでくるのがご覧になれます。そのふりそそぐような金色の光が、御神霊にほかなりません。

そこまではっきり見えなくとも、御神鏡やお宮から、雲のようなうっすらしたもやのようなものが見えることがあります。もやのようですが、これこそ御神霊です。ですから、生きている神様としてのお働きもして下さいますし、人助けもなされるのです。この生きている神様のおわすところだからこそ、奇蹟も生じるのです。

この神様の存在は、闇が深まれば深まるほど、わずかな光でも遠くから見えるように、やがて世界の人々にとって神光という希望の象徴となっていくことでしょう。

私が修行中である天之御中主大神様を御祭神とする神恩教は、今から五十年以上も前に教祖・夏目気道《きどう》先生が御神示を受けて設立された神道の教会です。

教祖先生は、大神様直伝の「誰でも大欲を持って大神に祈り、先祖のため、子孫のために身を立てて家を興せよ、欲を捨てたらたちまちもうろくするぞ、生きている間は大欲を持って神様に祈って進め！」をスローガンに、森羅万象を司る大神様の絶大な神力をもって、人間の苦悩からの解放と地上天国を実現するために「神恩教」をおこされたのです。

教祖先生は人格高潔、おやさしく誠実な人でした。明治三十九年のお生まれで、十歳年下の敏子夫人とはまことにご夫婦仲もよく、六人のお子様と沢山の弟子たちに囲まれて、ご家庭はいつも大変にぎやかでした。

残念なことに、わずか五十五歳で幽明されてしまいましたが、その尊いみ教えは奥様の敏子夫人、そしてその後は現在の会長先生へと脈々と引き継がれ守られてきたのです。教祖先生の代表的なみ教えには次のようなものがあげられますが、これらがそのまま神恩教の中心的な教義となっております。

(一) 天狗になるな

人間の弱さ、性《さが》というものは、悲しいことですが、一度成功するとそれがあたかも永遠に続くかのように錯覚し、有頂天になってしまうことが多いものです。芸能人やスポーツ選手、スターとしての地位を確立された方は誰でもチヤホヤしてくれます。有名人になったら、今までの人生とは雲泥の差が生じてきます。

商売や事業の方面で成功すれば、黙っていても取引先や金融機関がおしよせてきます。大いに自信がつくでしょう。人生の勝者、成功者になったわけですから。でも、ここで有頂天になってお鼻が天狗になってはいけないのです。自信過剰や勢いにのって、大きな落とし穴やとんでもない話に気づかないのは、こんな時が非常に多いのです。スピードを出しすぎてカーブが曲がり切れないのと同じで、常に自重し、勝った時や成功の頂点にいる時ほど、身を謙虚に振る舞うようにと教祖先生は説かれたのです。みんなが鼻もちならない人間にならないようにとのお考えから、ご自身も自己にはきびしく、他人には本当におやさしい立派な教祖先生でいらっしゃいました。

(二) いつまでもあると思うな親と金

古くからの格言でもありますが、教祖先生はこの言葉がお好きでした。それは、昨日まで殿様気分のお金持ちだった人が、一夜にして、まったくの無一文になって夜逃げをするという現実を、何度も見聞きなされたからにほかなりません。油断していると、本当に一夜乞食になる恐れがどんな人にもありうるという世の中のきびしさは、頭に入れておいた方がいいでしょう。

お金はお足ともいいます。淋しがり屋なので、仲間が沢山集まっているところが大好きです。だからお金は大事にする人のところに残るのです。今の日本の若い人は、ブランドボケのようなところがあります。ヨーロッパの若い人は、もっと質素でものをとても大切にします。ギャル、子ギャルさんたちは、欧米諸国の若い人たちの生き方を参考になさるといいと思います。

親は可愛いから子を叱ります。社会的ルールや、我慢することの大切さを教えるのが仕事なのです。残念ながら、現在では親も我慢できない人が多く、無関心、無責任な、中途半端なしつけしかできていないように思えます。あえていえば、子どもはそんな親の被害者である場合があるのです。昔のように、親も、祖父母も、隣のおばさんやおじさんも、悪いところはどんどんはっきり教えてあげるべきだと思います。

かけがえのない親子の情愛も、無関心によって存在が希薄になっているなんて、あまりにも悲しいと思います。教祖先生は子どもをとても可愛がりました。しかし、しつけにはことのほかきびしく、お金の尊さ、労働の尊さをよく教えられました。したがって男の子には新聞配達（小学校高学年の時から）、女の子にはお掃除、炊事、洗濯など家の手伝いをさせていらっしゃいました。親は何物にもかえられないありがたい存在ですが、寿命がありますのでいつまでも一緒にいてくれるものではありません。お金も大切にしなければ幸運と同じで去っていってしまいます。つまり、金持ちになったり勝ったからといって有頂天になるべきではないし、経済的にきびしいとか負けたからといって悲嘆にくれる必要もないのです。教祖先生は、大神様に祈って進みなさいと教えられました。大神様はできない苦労はさせません。

精一杯生きていくこと、愚痴をいわないことです。私は、神恩教に入ってから、教祖先生の奥様が愚痴をおっしゃったのを聞いたことがありませんでした。それほど何事に対しても辛抱強く、信仰の道をまっすぐにお歩みになったのでございます。

(三)「運」は生きている

教祖先生は「神がかり」でいらっしゃいましたから、予言もでき、世の中の先もお見通しで、何もかも一〇〇パーセント的中しておりました。生前の説教のなかに、「運」は生きているというみ教えがありました。教祖先生は「運勢《うんせい》」とは書かず、「運生《うんせい》」とお書きになりました。

教祖先生は、普通に売られている暦をあてにすることなく、人間の運はすべて生きているとお考えになり、大神様に個々人の運のお伺いをたてて予見をされていたのです。人の運は、九星や十二支で分けてしまったのでは、あまりにも大雑把であり、個々人の運とはそんなに簡単に占えるものではないというお考えをもっていたのです。「運」は生きているという信念により、その人の資質、信仰心などをよく見抜かれて、ひやかしできた人や、悪しき心の人はことごとく門前払いをされました。そのかわり、大神様への熱い信仰を持たれた方に対しては、まことに慈悲深く面倒見のいい教祖先生でした。

したがいまして、破産により一家心中寸前の方、家族に難病者がいて途方に暮れた人、失恋して死のうと思いつめた女性など、絶望の淵に立たされた人々を、大神様の御神力によって希望の道へと導き、お助けになった事例は枚挙に暇がありませんでした。

(四)「神の恩」を忘れるな

教祖先生は、「神恩教」を「神の恩」を「教え」、それに報いるところという意味でおこされました。恩は大神様に対するもののみならず、人にもあてはまります。そして、大神様に対しても、お願いのしっぱなしではいけませんよと教えられました。お願いばかりしていると、ある時点で大神様のお力は止まってしまいます。なぜなら、心からの感謝とお礼を何もしないということは、「神の恩」に背くばかりでなく、大神様への失礼となり、大神様を粗末にしたことになるからです。

信仰は奥が深いものです。感謝と奉仕の精神を忘れてはならないのです。大神様に対して何ができるか。できるところからやればいいのです。ある人はトイレ掃除、ある人は参道を掃き清める、ある人はふき掃除と。

昔、K大出身の実業家だったA氏に、教祖先生がつぎのようにおっしゃいました。「君、いつも自分に都合のいい御祈願ばかりかけていないで、たまにはお手洗いの掃除でもやっていきなさい」。A氏いわく、「先生、私はそんな汚いところを掃除するのはごめんです。どなたかほかの人にやってもらってください」。教祖先生いわく、「君はお手洗いは使わないのかね。お手洗いをそんな馬鹿にするようでは君の仕事もここまでだな」と。

教祖先生のおっしゃった通り、A氏の事業はそれからすぐに行き詰まり、一介のサラリーマンに転職されたそうです。

信仰とは、本来一生かかって少しずつ成し遂げていく地道な努力の積み重ねです。

A氏のように、「お手洗いの掃除なんていやだ」と思い上がっていたのでは、日常生活で必要かつ重要な問題をすべてあまく考えているんだな、と見透かされてしまってもいたしかたなかったのです。

教祖先生は、心を磨かせて頂き、神の恩、人の恩に報いて前進しなさい、と教えてくださったのです。

（五）力をつけたれば本殿（教会）の畳の数を踏め

お参りから遠ざかった人の特徴に、人相が非常に悪くなるということがあります。それは神様の御加護が遠ざかってしまうからです。一年に一度お正月だけきます、では信仰にはなりません。

また、成功しようと思ったり、人より強運の人生を歩みたいと願うならば、それなりの努力が必要です。お参りも気合いです。ですから、「力をつけたければ本殿の畳の数を踏め」と教祖先生は教えられたのです。神道では、万物すべてに「生命」を見ます。日本人の血に脈々と受け継がれたこの神性を高めることが、運を強くするとお教えになったのです。

教祖先生の奥様も、「お参りにきている人は、みなさんとても感じのいいお顔をしているでしょう」とおっしゃっておりました。たしかに、実際はみなさんそれぞれに家庭や仕事の事情をかかえていたはずです。

でも、みなさんニコニコして親切で、礼儀正しくて、なんと感じのよい人だろうと私も思いました。そうです、その方たちは本殿の畳の数を多く踏んでいらっしゃったのです。人相がよいということは、生きていく上で御本人にとってもプラスになりますし、同じ人の世の一生なら、明るく楽しく毎日を生きてまいりたいものです。

（六）実践するところに神の道あり

信仰は実践しなければ何の意味も効果もありません。

教祖先生がよく話されていた実践の方法をあげておきます。

・手を合わせる——参拝

・祝詞の奏上——言霊、四魂

1、荒魂《あらみたま》＝勇気・忍耐　2、奇魂《くしみたま》＝英知・智

3、和魂《にぎみたま》＝親交・平和　4、幸魂《さちみたま》＝愛情

・神霊術修行や大祭などの各行事への参列——信仰が進む
・掃除奉仕——無我の境地
・神様の仕事をする——奉納
・人助けをする——病気治し、徳を積む

以上が教祖先生の代表的なみ教であり、これらはそのまま神恩教の教義として大事に引き継がれております。

四、神頼みの五つのプロセス

信仰というものの本当の姿を知っていただくために、教祖先生のみ教え（神恩教の教義）をご紹介いたしましたが、ここではそれをもとに「神頼みのノウハウ」を五つのプロセスに整理してみたいと思います。はじめに、実践方法を箇条書きにしてあげ、復習しながら、五つのプロセス全体をとらえていきましょう。

（一）参拝の作法
・神に手を合わせる
・祝詞の奏上
・行事への参列（神霊術修行など）

（二）修行
・禊
・清掃奉仕など、神様の仕事をする
・人助けをする

（三）信仰の体験
・精神的体験
・肉体的体験
・物質的体験
（以上三つ）各人が信仰により体験する

（四）神様の存在証明と信仰

前に述べましたように、神様は生きています。

そして、生きていらっしゃるからこそ私たちの体に作用するのです。体が神様によって包まれ守られ、霊動となってさまざまな働きをすることができるのです。たとえば、その商談には行かない方がいいですよという時には電話が通じません。駅のホームに着くと、電車は行ったばかりで間が大変に悪いということもあります。しかし、必要な時には、必要な人、情報、もの、お金などを授けてくださいます。

神様はその人にできない苦労はさせないといわれております。もし苦労だなと思っても、それは心の向上のために必要であり、その人の人間性がいかに未熟であるかを神様が教えてくださっていらっしゃるだけのことです。必ずどたん場のところで助けてくださいます。ですから、苦労だなんて思わないで「負けるものか」と頑張れば、その次には素晴らしいステージを与えてくださいます。したがいまして、信仰の体験、すなわち「精神的体験」「肉体的体験」「物質的体験」は、決してみなさんの人生に無駄ではありません。

人生のドラマは、誰もが主役になれるよう大欲をお持ちになればいいのです。生きていらっしゃる神様は、そんなあなたを絶対応援してくださいます。

神様が生きていらっしゃる事例を、神恩教で実際におこったできごとを引きながらあげてみましょう。

1　お供えするお盛り物（野菜、果物、魚貝類など）があります。神様はお盛り物の気を召し上がります。したがってお下げした後、人間がいただくと味や香がほとんどとんでしまいます。

2　神様の御神前で話をしていると、ストレスでイライラしていたり、怒ったり、気分が落ち込んでいる時でも、だんだん落ち着きを取り戻し、明るくスッキリとした気分になります。そして活力がわき自信と元気が出てくるのです。

3　神恩教の本殿は築五十年近く経ています。普通なら屋根は痛み、瓦がずれ、割れたりすることが多いのに、御内陣の上はまったくきれいで、昔と変わりません。

4　熱心にお参りに来ていらっしゃる人は、神様の御加護がだんだんに人相に出てまいります。したがって善徳《ぜんとく》に満ちた、いわゆるよい人相になってまいります。

5　神様は生きていらっしゃるということから、当然人間の運も生きていると考えています。そこで運勢とはいわず、運生というのです。これは、神様が人間の運というものも生きており、信仰によって絶望している人たちを救済できるとしたからにほかなりません。

以上の事例で、神様の存在の証明が納得いただけるものと思います。

神様は生きていらっしゃるのです。私たちは神様によって生かされております。その神の恩、国の恩、人の恩（先祖・両親・教師・友人・知人・姉妹・兄弟など）に感謝し、それらの恩に報いることが、生きていらっしゃる神様への私たちの務めなのです。

神様は生きており、私たちにいろいろなことを教え示そうとなさいます。それを神示といいます。そして、神様の働きを理解することにより、私たち人間は神様によって守られ助けられていたということを後になって理解することができ、感謝の念で胸が一杯になったりするのです。

ですから、神様は生きているということには、神様の存在の証明、神示、神様の働きの理解という三つの段階があります。

ここまでわかれば信仰も相当進んだことになります。しかし、どうしても多少の時間がかかるため、我欲信仰（あっちで御利益があると聞けばお詣りし、いろいろお願いをするが、よくわからないうちに次々とどこへでも出かけて行き、結局神仏を粗末にする結果となり、そのことに自分自身も気づかない信仰の仕方）や興味半分の人にはとうてい理解されないかもしれません。また、神様からも迷惑がられるものです。心を一つにして、赤き直き心（赤ん坊のような素直な心）で精進するのが信仰というものです。

また、あちこちの霊場なり宗教団体をあまり渡り歩きますと、かえっていただかない方がいい霊などを背負ってしまいます。こういう方が神恩教に来て、やれ背中の痛いのが治らない、首と肩がこってしょうがないなど、あちこち悪くして助けを求められます。このような方に限って、本人はなかなか頑固で、人の忠告などは聞いて下さいません。三つの宗教団体（神道系・仏教系）に加入し、お札を十枚近くももっているという例もあります。心当たりのある方は少しお考えになって下さい。

（五）この世での大安心

神頼みのノウハウは、以上のプロセスをたどっていきますが、最終的には「敬神」「崇祖」「霊祭」というところに落ち着きます。また、この三つが信仰の最終目標なのです。

プロセスに目を通すと、とてもできそうもない、難しそう、と思われるかもしれません。

しかし、神頼みはその道筋さえつかめば、どなたでも無限大なる神様のお力を授かることができるのです。この本をお読みになっているみなさんこそ、誰よりも早く願いが叶うでしょうし、神様の存在をひしひしと感じられるに違いありません。

ともかく実践してみることです。最初は誰も何もわかりません。だから、一歩一歩神頼みのノウハウを体得して下さればいいのです。

一歩づつ　神路《かみじ》（神随《かんながら》）に進む　人となれ

その高徳で　末は栄える

一歩ずつ神随の道を進み、御神徳の高揚をはかれば、いずれみなさんは栄え、成功し、幸福になりますよ、という意味をこめた歌です。

あなたの運命は　神のみぞ知る

一陽来福

宝の山なり　宝をつかめ

この乱世を救う先は

天之御中主大神の神秘なり
煩悩を去れ
神随の道に戻れ
神随の道を進めば
幸運は保証される
生成発展の道　ここにあり

二十一世紀の今を生きる私たち――物質万能の風潮にかげりが見られるとはいえ、人心の悪化してしまった乱世を救うのは、神随の道に戻るしかないのです。神の御神霊の作用によって、幸運になり、生成発展していくのです。

神随の道とは、神様の御心がどこにあるのか、つまり神様の意のままに、ということを考える生き方なのです。人の意見も大事ですが、天地自然の理《ことわり》をお考え下さい。

「咲く花は多し実るは少なし、実るは多し熟するは少なし」という言葉がありますが、自然界には消長の理があります。これは、天体の法則をお考えになればわかりやすいでしょう。

天体のように、人も一定の中心を定め、正道の軌道にそって進めば、万に一つの過ちもないのです。天地万物はことごとく、人間のたどるべき道を示しているのです。

これが神随の大法であり、この道に順《したが》うのが神随の安心なのです。森羅万象はことごとく神道の経典です。宇宙の神秘（神様の御心）に通じてこそ、まことの安心が得られるのです。天之御中主大神様の存在があるからこそ安心できるのです。

人間は、生命の不安、心の不安、物質（経済・お金）の不安、病気の不安、老後の不安、自然の驚異の不安（台風・寒暑・大雨・干害）、そのほか数え切れないほどの不安に囲まれて日夜悩まされております。

しかし、心の奥底から神の存在を信じ、体の中心にいつも神に守られているのだという自信があれば、人はみな平等に幸福になれるのです。その幸福をつかもうとするか否かは、みなさんの心の置きどころ一つにあります。

迷わず、正道の軌道にそってお進み下さい。

五、願望成就の秘訣

人は生きている以上、多かれ少なかれみな願望をもっています。また、困ったことにもぶつかりますし、苦労もあります。

「願いがかなうといいなあ」と、どなたも思われることでしょう。二十世紀末から二十一世紀にかけて、神頼みの中身も大分さま変わりしてきました。

会社の倒産、リストラ、仕事がない、自己破産、家庭崩壊、人間不信など、そういった悩みを解消しようとする願いが、神頼みの上位を占めております。

そういう時は、静かに自分をみつめ直し、悪いところは反省し、心をみがきながら願をかけるのです。神様は切れている人や逆切れする人を、すぐに助けては下さいません。

なぜなら、その人を人間としてきちんとやっていけるように仕込んで下さるからです。子のためを想う親のきびしいしつけと同じです。

では、具体的に頼んだことが、つまり願いが本当に叶うにはどのようにしたらよいのでしょうか。

(一) 神頼みの条件

1　祈願を成就させる努力を怠らないこと。

2　小さな願い事なら最低七日間、大事なことなら最低でも二十一日間、百日間、一年間という期間が必要だと心得ること。

3　願かけする本人の決意表明が心の土台に備わっていること。

以上1～3の内容が理解でき、人間的にも素直、真剣、謙虚な方は願いが大変叶いやすいのです。

願かけの期間中、当然のことながら旅行や物見遊山は御法度になります。真剣さが勝負です。ましてやほかの神社や仏閣にまったく同じ御祈願をかけるようなことがあれば、それは神様を冒涜することになりますからご注意下さい。

よく神社仏閣巡りがお好きで、どこへでも行き、同じ願かけをしている方がいらっしゃいますが、人間にとって大事なお願い事は、お力のある神様のところに絞り込み、成就させていただいた方が絶対早いはずです。

(二)　神様が何を教えたいかを見極めること

願かけにもプロセスがあります。

目標とする願いが次元上昇（アセンション）すればするほど、その人自身を修行させます。大きな会社の社長として、責任ある舵取りをしなければならない人には、その器となるべき道があるはずです。

神様の前で一分でも長く座り、内観でも瞑想でもいいですから、自分自身をみつめて周囲をよく考えて下されば徐々にその解答がえられます。

その人その人の器に応じた人生のステージを、神様は用意してくださいます。

そして願が叶わなかった場合、その願自体が間違った願である場合が多いのですから不思議です。たとえば、取引額も取引量も利益も大きいA社との取引きを望んでいた方がいらっしゃいます。いつまでたっても話がまとまりません。しばらくすると、まったく予想もしていなかったのですが、A社の経営が火の車で倒産したことをほかから聞かされ、取引先になっていなくてよかったと、その方は神様に感謝されました。

また、受験に際して、秀才の甲君はどうしてもA校にと思いつめ、絶対大丈夫と担任にいわれていたのに不合格になったことがありました。「神様なんか誰が信じるか」と、本人も親もカンカンになって怒ってしまわれました。

しかし、後になって名門といわれたA校では不祥事が続き、逆に入学したB校の方が長い歴史と伝統があり、御本人には結果的によく合っていたのです。

少し冷静になって考えればわかることなのに、あさましいかなわれわれ人間は、つい目先の欲にとらわれて見極めができぬまま、とんでもない勘違いをしたり、本当の素晴らしさがわかる前に自らあきらめてしまったりして、本当に残念なケースがよくあります。

(三) 神様との根くらべ

なかなか願いが叶わないと、「こんなにお参りに来ているのになぜでしょう」と不満な言葉を発します。そして恨みがましいお顔をされます。しかし、その願いは神様の方からすれば、やはり時間をかけなければならない場合があるのです。そこで適切なアドバイスをしても、聞き入れてくれる素直な人はいいのですが、怒ったままでとりなしようもなく、文句をいわれる方もいらっしゃいます。しかし、ここは一つ神様との根くらべ。神様への真剣さが試されているのだと思って、あきらめないで下さい。最近の人はどうも忍耐ということができません。もうほんの少しの辛抱で状況が変わるのに、残念な場合があります。いくら神頼みでも、神様との根くらべをしなければならない時もあります。

一度に昇りきれないような高い階段には、必ず途中に踊り場があって一休みしますね。一息ついて、また目標まで昇ればいいのです。

経験を積まれれば、神様の前でお願いをした時、その願いが叶うかどうかがすぐわかるようになります。

(四) 神頼みも言霊の世界

神様に対しても真面目、人間も素直、お願いしていることも決して分不相応のことではないのに、なぜかうまくいかない人がいらっしゃいます。そんな人は、神頼みの願のかけ方の言葉に何か足りない部分がないかどうかを考えて下さい。

1 急いでいる場合、必ずお願いの文言に「すぐに」とか「大至急」を入れること。つまり、「大至急仕事を授け給え」「大至急お足(お金のこと)を授け給え」とお願いするところを、ただ「仕事を授け給え」では、いつになることやらですよね。

インターネット、電子メール、携帯電話の時代になっても、神通力ほど速いものはありません。お参りの言霊が一言欠けてしまったための遠まわりは、人生における空まわりになってしまいます。神頼みのノウハウをしっかり覚えて下さい。

2　神様に、無意識にせよ粗相をしてしまったら、直ちにお詫びをすること。人間は、自分では正しいと思っていても、とんでもない勘違いをしたり、神様に知らず知らずのうちに粗相をしてしまったり、神様を粗末にしてしまうことがあります。こんな時は、直ちにお詫びをして神様に許していただきましょう。

最近、親子の関係も会社のルールも乱れ、生命を軽んじる事件が多くなりましたが、人を傷つけたり、一か所に富を集中させても、長続きするはずがありません。神様を信じ、心をみがいて成長していけば大きな願いもどんどん叶っていきます。なぜなら、その人はそれだけの使命をもって生かされているからです。

（五）神様にとても好かれる方法

運は生きているので、運がいいか悪いかも心のもち方で変わります。

もし、今の自己の状態がどうしようもないとしても、大人の場合、それはすべて自己の責任で運んできたのです。自ら悪い気を出さないことも大切です。悪い気とは、恨み、妬み、呪い、中傷、誹謗、不平不満などであり、神様はそういう気を好ましく思いません。
神様は、平常心で素直な感謝に満ちた気を好まれます。その結果、
1 人の話をよく聞いて感謝と反省の心をもつ
2 プラス思考をする
3 社会的ルールを守る
4 よく働き、よく学び、よく清掃する
5 思いやりの心をもつ
このような心のもち方であれば、神様に好かれ、その人の運もめきめきよくなるのです。

六、現代霊験録

(一) うつ病、分裂症、神経症

神霊術修業を受けることにより、加持という病気治しができるようになります。これは最近の事例です。

ご両親が万策尽きたというお顔で、お子さんの相談にみえました。大学病院の神経科に三か月入院したが、どうもスッキリせず、心配でしょうがないとのことでした。「うつ病」とのことで、目がトロンとして生気も元気もなく、うつむいたまま「死にたいんです。私、もう……」としかおっしゃいません。そんな彼女に、私はともかく神霊術修業で覚えたお加持をしました（一回三十分くらい）。その後、彼女が自殺することばかり考え、マンションの屋上から飛び降りようとしたのを、私と母親で引きずりおろし、お尻をビシビシたたいて正気に戻したこともあります。

正直、まだお若い女性なのに「死にたい、死にたい」の一点ばりで私も困りました。かなり危険な状態で、本当に自殺のおそれがあると思いましたので、お祓いもし、一か月間毎日三十分間、お加持を続けることにしました。幸いご両親が車で連れてきてくださったので、一か月の間、根気よくお加持をすることができました。

その結果、通院する必要もなくなり、今では一か月に二度（一日と十五日）真面目にお参りにきていらっしゃいます。彼女はすっかり元気になり、きちんと元の職場で仕事をしております。

もう一人、精神分裂症の男性がいらっしゃいましたが、この方にはお加持をすることができませんでした。信仰心がまったくないし、遠方という理由もありました。ご両親と相談したところ、大神様のご加護だけでもということでしたので、母親の毎月の代参という形になりました。あれほど病院に通院するのを拒否していた人が、一か月に一度きちんと通院し、薬も飲んでくれるようになったそうです。

仕事も自営業の手伝いをしているとのことで、この人が精神分裂症とはどなたも気がつかないとのことでした。

(二) ガン

この病気ほど私の力不足を痛感させられるものはありません。正直なところ、末期に入られておみえになっても手遅れだからです。こういう切羽詰まった問題は、いくらきれいごとをいっても、何の救済にもなりません。神霊術修業への参加で、奇跡的に完治した事例は何件もあります。しかし、末期になってしまうと、ガン細胞は恐ろしいほど増殖し、力が強いのです。

お加持をやっている私の方がヘトヘトに疲れてしまい、己の無力を痛感します。お加持をお受けになる方は、それでも気分がよくなる、痛みがなくなるからといって、続けてほしいと希望されます。しかし、入院して酸素吸入をしているような末期状態になると、そこまでの方を奇跡的に完治させるほどの力を私は授かっておりません。

申し訳ないと思いますが、できないものはできないのです。へたに延命をお願いしても、本人が苦しむだけの場合があります。ガンの場合、早期発見が大事なのと同じく、一日も早く神霊術修業をお受けになるか、お参りにきて、病魔を退散させてください。

(三) 登校拒否、出社拒否、ひきこもり

最近は学級崩壊、家庭崩壊、いじめなどによる登校拒否（学校へ行かない）、出社拒否（病気でもないのに何かが原因で会社をすぐ休む、あるいはそのままやめてしまう）が増えています。

さらに、社会生活との関わりをなるべくもたないようにするひきこもりも多発しており、なかには自殺や犯罪を起こしてしまう困った人もいます。

ロバート・フルガムは『人生に必要な知恵は、すべて幼稚園の砂場で学んだ』（河出書房新社）で、次のように述べています。

人間どう生きるか、どのようにふるまい、どんな気持ちで日々を送ればよいか、本当に知っていなくてはならないことを私は全部残らず幼稚園で教わった。何でもみんなで分け合うこと。ずるをしないこと。人をぶたないこと。使ったものは必ず元のところに戻すこと。ちらかしたら自分で後片づけすること。人の物に手を出さないこと。誰かを傷つけたらごめんなさいをいうこと。食事の前には手を洗うこと。トイレに行ったらちゃんと水を流すこと。（以下略）

このことは、子どものころ体験し身につけたことがいかに大事か、そしてそれを実践し続けていくことの大切さを教えてくれています。

不登校、いじめ、少年犯罪の増加など、荒廃した現代に一体どのような救いの道があるのでしょうか。三つ子の魂百まで、七つまでは神の子といわれるように、神道でも幼児期の教育やしつけは非常に大切だと教えられています。とくに、家庭におけるしつけを大切に考えております。

しかし、現代の核家族化、少子化した社会のなかで、きちんと自分の子をしつけられるご両親が何人いらっしゃるでしょうか。つまり、両親である大人たち自身が、自分本位で無責任きわまりないのです。これは、社会的ルールがきちんと守られていないことを意味しています。その結果、無責任な親の産物として、いい年になっても無職であるとか、家でゴロゴロしているような、困った大人になる予備軍をつくりだしてしまっているのです。

（四）心の教育の喪失

家庭は大事です。そして心のゆとり、心の教育が大事なのです。戦後、日本人を自由という名の下に堕落させてしまった民主主義は、「修身」を放棄してしまいました。そして、過度の点数主義と偏差値教育は、青少年をしていい学校に行ければうまくいくという、誤った「自己本位」の考え方に導いてしまいました。私はこれらの行きつくところを考えるとぞっとします。

また、いじめや登校拒否といった問題をかかえているお子さんの家庭の特色として、「会話なき家庭」ということがあげられます。食後にお茶を飲みながらの一家団欒がない、なぜか食事だけ済ませてさっさと部屋にこもってしまう、ろくに挨拶もできない、ここのご家庭は家族の絆がどこにあるのだろうかと思われるほど冷たい家庭。仕事で疲れた、多忙であるといった理由で、子どものよいところも悪いところも見て見ぬふりの逃げ腰の大人たち。

意外にも、社会的に活躍なさっていらっしゃるのに、子どもをどうしつけたらいいかわからない、怒るべき時に怒れない、何もいえないという、煮えきらない無責任な態度の人が多いのです。

人間ここ一番という時は、身をもって子どもにもぶつかるべきです。戦後、外国から輸入された平和とか民主主義といった美名のもと、修身や神国日本という大事な翼をもぎとられてしまったこの国の教育制度――もしこのまま何の手も打たずに流されてしまったら、行きつくところは民族の破滅ではないかと恐れているのです。

外国の悪いところばかりを真似ている今の若い世代、「生命の尊重」や「人間の思いやり」の欠如、「話し方」の品位の欠落など、教育関係者ならどなたでも実感していらっしゃるはずです。救済の道は、神様の存在に誰もが一日も早く気づくこと以外にはありません。なぜなら、正しき道ありてこそ、正しき道に進みてこそ、人は大神様の意に叶うからなのです。

私は、明るく素直で発展的な人格になるよう教育することが、幸福な人になる捷径《しょうけい》だと思います。

神道においても、「素直」が最も重視されています。「素」は文字を分解すると「主」と「糸」にわかれ、主からまっすぐに糸が垂れているフォルムをあらわしています。まつり「主」は宇宙の主神、元神「天之御中主大神様」であり、また自分自身の霊魂のことでもあるのです。

このように、素直とは神様に対して素直であると同時に、神様からいただいている自分の霊魂に対しても素直であるということを意味しております。素直な人間の存在を、誰よりもまず喜ばれるのは大神様なのです。そしてそれは、自分自身の喜びにもなるのです。

もし、我が強い人間である場合には、その分だけ悪霊に霊魂を占領されてしまいます。素直であれば大神様との距離が近いので、より強く、間近で守られることになり、明るく幸福な人生を歩むことができるわけです。これからは、ますます能力主義が進みます。能力のある国が、能力のある会社が、そして、能力のある個人が正当な評価を得て、二極化（生き残るものとおいていかれるもの、勝ち組と負け組）が進むでしょう。

そうなるとわかっているのですから、「心の教育」がしっかりとされていないと、能力主義の時代に取り残されてしまうでしょう。また、ここでいう能力とは、勉強ができるという意味ではありません。生きぬく知恵とでもいった方がいいでしょうか。それは、神様について学び、心を豊かにする教育をし、実行することなのです。この能力を活かすことにより、学校から「いじめ」をなくし、社会での「人間関係のもめごと」をなくしたいと思います。なぜこんなにも人心が悪化してしまったのだろうと淋しくなるような話が、現実の社会にはあまりにも多すぎます。

頭はとってもいいのに、なぜか成功しない人をしばしば見かけます。そういう人たちに共通することは、他人をほめないのです。そして、一歩ゆずるということをしません。人の一生なんて短いもので、せいぜい八十年くらい、あっという間なのですから、生きている間は楽しくさわやかにニコニコして暮らしたいですよね。私は、成功とはいつも心のなかで楽しいこと考えていれば達成できると思います。

仕事は楽しくて楽しくてしようがありません。楽しいと思いながら、一生懸命仕事をしている人のところへ、人は寄り集まってくるのではないでしょうか。子育ても楽しさを見い出せば、育児ノイローゼなんかありません。学校も楽しいと考えれば、登校拒否もありえません。わが家ほど楽しい家はないと思えば、家庭崩壊なんか無縁です。そんな単純なことなのですが、考え方が少々違ってしまったため、困ったことや気の毒なことにぶつかってしまうのではないでしょうか。

神恩教に願かけにきて、無職だったお子さんがきちんと仕事につくようになったという事例は沢山あります。また、親ごさんが頭を痛めていた不登校からの立ち直り、家庭崩壊からの立ち直りなど、数えきれないほどの例があります。親も子もつまらない見栄やプライドを捨てて、一度人間の原点に立ちかえって自分をよくみつめて下さい。親の恩、先生の恩、友人の恩――人間は、沢山の人たちのお陰で生かされております。逆に、困った親や困った先生に泣かされる人もおります。しかし、どこかでそんなあなたをわかってくれる人、話をきちんと聞いてくれる友がいたりします。

だらしなくてどうしようもない親ごさんでも、あなたを無事に生んで下さったのです。だらしなさを責めるより、そうせざるを得なかった親ごさんの生き方を参考にして、あなたは絶対にそのような生き方をなさらないように努力して下さい。

そして、逆境をはね返し、天之御中主大神様のありがたい御守護により、一歩一歩前に進んでください。御神縁を得られたことに、自信と誇りをおもちください。

必ず人間が変わります。自分が変われればまわりも変わります。思いやりのあるあたたかい心の人になっていけば、神様もますます働き、無限の可能性が広がっていくでしょう。唯一無限の光は、神様から授かるはずです。希望をもって、病気も苦労も克服してください。

第二部　あの世のお話

一、日美子流他界案内

（一）私の臨死体験

私は、実は臨死体験者です。まだ九歳の子供のときでしたが、その時の記憶は四十年以上経った今でもとても鮮明に覚えております。

私は子供のころとても体が弱くて、親に心配ばかりかけてきました。小学校のときは、病気のためずいぶん学校を休みました。ですから、皆勤賞をもらえるような元気な級友のことを、とても羨ましく思ったものです。

九歳の年の暮れのことです。小学校四年生だった私は、肺炎にかかってしまい、往診にかけつけて下さったM先生も、

「このまま熱が下がらないと大変危ない状態です」

と母にいい残して帰って行かれました。うなじには氷枕、額には氷をくるんだ手拭いをのせ、母はそれらを頻繁に取り替えながら、ただおろおろしていました。眠ったかと思うと、いつの間にか全身の力が抜けていました。気がつくと、私の体は、二年ほ

夏目日美子の臨死体験

ど前に亡くなった祖母にしっかり両手で抱きかかえられるようにして、どんどん空のかなたへと昇っていくのです。

祖母は私を軽々と抱きかかえて、白い雲を通りすぎ、なお上空へと昇ります。とても美しい青い空でした。

やがて、はるか前方に、竜宮城のような立派な建物が見え、金色と朱色の大きな門が七色の雲の中に堂々と建っておりました。祖母は、その門の方に私を連れていこうとしていたのです。門のまわりには、かぐや姫の物語に出てくるような天女たちが、沢山舞っているのが見えました。「何と美しいところだろう、きっとあの門の向うが天国というところに違いない」――あまりにも美しい七色の雲と天女や宮殿に、私は子供ながら目をみはりました。すると、門と反対の方から杖を持った白衣の立派な神様が出てきて、祖母と私の前で立ち止まられたのです。神様は、白と黄金の雲にのって自在に飛んでいらしたのです。神様は祖母に向かって、「すぐにこの子を地上にもどしなさい。この子にはやってもらわねばならぬ使命を与えてあります」と命令なさったのです。祖母は、神様の命令には絶対服従しなければならなかったようで、そのまま私を雲の上から地上へふわりともどしたのです。

目が覚めると、枕許では母が目を真っ赤にして泣いていました。父も帰ってきておりました。親類に「危篤」の電報を打ちに行こうとしているところだったのです。

こうして私は「この世」にもどってきてしまいましたが、長い間、自分の使命についてはすっかり忘れておりました。

しかし、私のように一度臨死体験をした者は、絶対に神の存在を否定できないのです。アメリカの権威ある心臓専門医、マイクル・セイボム博士も、その著書『あの世からの帰還』（日本教文社）のなかで、「臨死体験をした者は、その体験を通じて信仰心が高まることが通例であり、あまりにもあの世や臨死体験の状態が気持ちよかったために、本人が生き返りたがらないこともあるほどである」と述べております。

臨死体験や幽体離脱（幽体が肉体から抜け去る現象）は特殊な体験かもしれませんが、死は人間である限り誰にでも必ずやってくるものです。人間は死後、神様に案内されて他界へと旅立ちます。

まず、人が亡くなり、魂が他界へ行くときは、「魂の緒」という白銀色に光る糸が引かれます。やがて、「魂の緒」は肉体と離れ、切れてしまいます。この「魂の緒」が切れたことが死そのものなのです。

高天原

天

常世　ワタツミ　中つ国　ワタツミ　常世

〈日本列島〉

根の国

黄泉の国

（二）死後の世界（他界）

わが国では古くより、一本の草にも一滴の水にもそこに神の存在を感得し、時には山一つがそのまま神であり、田にも畑にも、森にも川にも海にも神々がいらっしゃると考えてきました。つまり森羅万象すべてが神の姿なのです。人々の営みは神とともにありましたし、人は神の分霊《わけみたま》と考えられてきました。人は神の分霊としての人生を全うすると、他界へと旅立ちます。

さて、神道における他界、すなわち死後の世界とはいかなる世界でしょうか。

『古事記』『日本書紀』によると、ここが他界ではないかと考えられる場所だけで、高天原《たかあまはら》、葦原中《あしはらのなか》つ国、根《ね》の国、底《そこ》の国、黄泉《よみの》国、根堅洲《ねのかたす》国、妣《はは》の国、常世《とこよの》国、日之少宮《ひのわかみや》、龍宮と約十界あります。そして自分たちが生活しているこの世を「中つ国」とし、地下を「根の国」「底の国」と考え、はるか天上を「高天原」と想定したのです。古代の人々は、宇宙を水平軸と垂直軸にわけて考えていたようです。水平軸の延長上には常世国がありました。太陽がのぼる、生命発祥の地です。綿津見《わたつみ》の国・根の国といわれることもあります。そして、人間の住む世界が中つ国です。垂直軸には天があり、そのまた上に高天原があります。中つ国をはさんで、深い地底には黄泉国があります。暗闇《くらやみ》の死者の国です。根の国と同一とみなされることもあります。

また、古代の日本人が死者の霊の行く先、あるいは祖霊のおわす場所として信仰したのが「魂のふるさと」「神々の世界」です。これは日本人独特の他界観で、以下のような考えかたに分類することができます。

▼山中他界観

最初に考えられたのが、自分たちが生活しているごく近くの山に祖霊がいるとする「山中他界観」です。これは、古代において死者の埋葬地としての埋墓《うめばか》が山中深くに定められ、そこに死体が遺棄されたことから発生した他界観であるといわれています。祖霊は時期を定め、正月や七月の魂祭りなどに、山から里に降りてきて、家々を訪れ、子孫に繁栄をもたらすと考えられていたのです。

たとえば、『万葉集』の挽歌は、約半数が山中に他界があると考えられていたことをうかがわせる内容となっています。死者は山に葬られ、山に帰り、そこで祖霊となります。祖霊を祀《まつ》るために用意されるお正月の松迎えやお盆の盆花は、山から降りてくる祖霊の依代《よりしろ》として、山の花木を用いた名残りとされています。

▼地中他界観

古墳時代に発達したと考えられている「地中他界観」もあります。「根の国」あるいは「妣の国」といわれた、「黄泉の国」への信仰が変質していったものと考えられています。この時代に登場した巨大な古墳は、大王や豪族が死んだ後の霊魂の行き先だったのです。

高知・愛媛の県境にある手箱山山頂に鎮座する大山祇神社の神域を示す鳥居。登攀路の途中にあり、山中他界のイメージを色濃く残している。

千葉県海上郡にある玉崎神社。海神・綿津見神の娘である玉依姫命を祀る。社殿は太平洋のそばにあり、海波を越えて来訪する神霊と人間の交流を暗示している。

▼海上他界観

一方、「常世の国」が海上のはるか彼方《かなた》にあるとする、「海上他界観」も古くからありました。太陽が昇り、そして没していく海上の彼方の常世の国は、古代の日本人にとっては、祖霊がおわすもっともふさわしい他界であったに違いありません。古墳の壁画には、太陽・鳥・船・人物が幻想的に描かれており、死者の魂が船に乗って海の彼方の常世の国に行くと考えられていたことを伝えています。

たとえば、常世の国から来訪神がやってくるというマレビト信仰は、日本各地に見られます。天羅摩船《あめのかがみぶね》に乗ってきた少名彦命やエビス神はだれもが知るところです。また、沖縄では、「ニライカナイ」という海の彼方の深海にあると想定されている、「海中他界観」を伝えています。

神道では死後の魂はどこに行くのかについて、古くは平田篤胤《あつたね》や本居宣長《もとおりのりなが》、林羅山《はやしらざん》をはじめ、古神道家の宮地水位《みやじすいい》、友清歓真《ともきよよしさね》、宮負定雄《みやおいやすお》、折口信夫《おりぐちしのぶ》、柳田国男氏などによって各種の説が展開されてきました。ここでは、神道におけるあの世での魂の落ち着き先として、八つの幽冥界を論定した友清歓真氏の説をご紹介しておきましょう。

友清氏は、幽界は以下のように大別できると説かれています。

天津神国《あまつかみくに》は上・中・下で三つ、国津神国《くにつかみくに》も上・中・下で三つ、黄泉国《よみのくに》が根国《ねのくに》と底《そこつ》国《くに》の二つで、計八界となります。

第一界は最上位の神界で、北極《ほっきょく》紫微《しび》宮《きゅう》神界と呼ばれています。

北極紫微宮神界は、天津真北の北極星にあるとされています。天之御中主大神《あめのみなかぬしのおおかみ》、高御産霊神《たかみむすびのかみ》、神皇産霊神《かみむすびのかみ》の主宰する大神界で、いわゆる造化《ぞうか》三神が鎮《しず》まるところです。宇宙の根本神界とされ、ここで全大宇宙の幽政《ゆうせい》が統括《とうかつ》されています。平田篤胤が著書の中でしばしば言及している神界です。この神界では、日月の光は見えません。電光

第一界	天津神国	上	北極紫微宮神界
第二界	天津神国	中	太陽神界
第三界	天津神国	下	月球神界（もしくはそれに準ずる神界）
第四界	国津神国	上	神集岳神界（他の神界の最高神界）
第五界	国津神国	中	万霊神岳神界（各国の高級神界）
第六界	国津神国	下	善悪混淆の霊界
第七界	黄 泉 国	根国	薄明の暗黒界
第八界	黄 泉 国	底国	完全なる暗黒界

のような光りが宮殿から発しており、つねに晴れた月夜のようであるといわれています。

第二界の主宰神は天照大御神と推定され、とくに優れた霊魂のみがこの界に入れるようです。

第三界の主宰神は月読尊《つくよみのみこと》と推定され、この神界は重い罪科を得た霊魂が集まる場所とされています。

第四界の神集岳神界《しんしゅうがくしんかい》は、伊邪那岐《いざなぎの》大神、大国主神《おおくにぬしのかみ》、少彦名神《すくなひこなのかみ》が主宰しています。この神界は、すべての「界」のすべての「霊魂」の出自、帰属、進退、集散、去来を司っています。ここには霊《れい》鏡台《きょうだい》があり、霊鏡には善悪一切が映し出され、それらが子細に観察されて、上界に昇遷されるか下界に降謫《こうたく》されるかが決められます。

第五界の万霊神岳神界《ばんれいしんがく》は、第四界の副府として

第五界万霊神岳神界の一つである海神界への入り口とされる、高知県桂浜の浦戸龍王宮。

位置づけられています。主宰神は少彦名神です。水地水位の『異境備忘録』には、

宇内の大評定の時は、尊き神等は更にて、諸の幽界より三人宛、其《その》界にて勝れたるは万霊神岳に集会するなり。日本人、支那人、天竺人、西洋人、種々様々、衣服など異なるが参るなり。何れの界の言語も此界に入る時は聞分けらるゝなり。会議決定しては神集岳《しんしゅうがく》に其決議書を奉る。かくて少名彦那大神《すくなひこなのおおかみ》、八意思兼《やごころおもいかねの》神《かみ》、大国主神《おおくにぬしのかみ》、御一見ありて、天《あま》照皇大御神《てらすすめおおみかみ》、伊邪那岐尊《いざなぎのみこと》も一見し給ひ、上極皇産霊神《じょうきょくみむすびのかみ》に御使を以て右の決議書を奉るなり。されども皇

産霊神の其許へ参らずして、其代命を受持給ふ天照皇大御神の御許にて、多くは御許可になるなり。

と、万霊神岳神界のことが記されています。

万霊神岳神界の大きな特色は、万国の神界が存在するところにありますが、あくまでも第四界の統率下にあるということでしょう。

キリスト教には西洋の神仙界があり、仏教には仏仙界《ぶつせんかい》があるとされています。仏仙界には、極楽や地獄が存在しています。実に多くの神界があることになります。ちなみに『異境備忘録』によれば、聖徳太子や役《えんの》行者などは、帰幽後ただちに仏仙界に入り、そののち支那の神仙界に入り、今日に及んでいるとされています。

第六界は善悪混淆《こんこう》の霊界で、私たちが生きているこの世に最もよく似た世界です。一般の人は、ほとんどこの第六界で生活するといわれています。

第七階は黄泉国（根国）であり、朧《おぼろ》夜《よ》のような薄明かりの霊界といわれております。

第八界も黄泉国（底国）であり、ここは暗黒の下等霊界とされています。積悪の者が落ち込む霊界と考えていいでしょう。

このように、幽冥界は大きくは八界に分れ、各界がさらに多数の階層に分れているのです。

ところで、第七界と第八界には魔界が存在します。この魔界の主宰者は造物大女《ぞうぶつだいじょう》王《おう》と呼ばれ、積陰の悪気が凝結した女王であるといわれています。その下に、山本五郎左衛門百谷《ひゃっこく》、積陰月霊大王《せきいんげつれいだいおう》など魔界の陳梁がおり、それぞれが眷属《けんぞく》をもって拠点を定めているといわれています。

しかし、一般の人が魔界に行くなどということはありません。

魔界の棟梁の一人である山本五郎左衛門百谷と稲生平太郎。『稲生物怪録』所収。

霊鏡台に映し出されるこの世での善悪の行い次第で、霊格が決まり、落ち着き先が決まるといわれています。そして、あの世に行っても、普段はこの世から隔絶されたところにいるわけではないようです。この地に止まったり、冥界に行ったり来たりしているそうです。ですから、霊魂は私たちのすぐそばに来ていることもあれば、町や村々からさして遠くない山や海にいることもあるのです。

また、この世（明るい）からは、あの世（暗い）は見えにくいのですが、あの世（暗い）からこの世（明るい）はとてもよく見えます。ですから、死んでしまったら何もかも終わりだと考え、供養一つしないとなると、死者からは全部見えておりますので、とても淋しく悲しい思いをなさいます。あの世からはすべてお見透しであるということに、どうかみなさん早く気づいて下さい。

この世はわが国では天皇陛下が統治なさっておられますが、あの世は大国主大神が統治なさっていらっしゃいます。

神道における、死後の神々の導きの絵物語をお目にかけます。ご参考になさって下さい。

死後には産土神のお迎えが

私たちがこの世での生を終えますと、肉体は土（大自然）に帰しますが、霊魂はあの世へと旅立ち、そこで永遠の生を得ることになります。私たち日本人は、だれもが産土《うぶすな》神のご守護を受けています。生まれ育った地域にある神社にまつられている神様が、その方の産土神です。死後の霊魂は、まずこの産土神のお迎えを受けるのです。図には亡骸《なきがら》から脱け出した霊魂が、眷属を引きつれた産土神に手をとられながら導かれている様子が描かれています。産土神は、まさに親のように、あたたかく私たちを見守って下さっているのです。

冥府の来迎神との邂逅

死後の霊魂は、優しい産土神のもとにいつまでも留まっているわけにはいきません。それは、私たちの死後の霊魂が、あの世という別次元の世界に入らねばならないからです。この図では、あの世がいかなるところなのか、まだ明らかではありません。ここでは、ただ「冥府神御来迎」と記されているだけです。冥府からの来迎神は、神楽を奏しながら霊魂を迎えています。霊魂も恭しく来迎神に接しており、全体に厳粛さがただよっています。霊魂が産土神から冥府の来迎神に引き渡されたこの瞬間から、本当の意味でのあの世への旅立ちがはじまるのです。

一路杵築大社へ

来迎神に導かれた霊魂は、冥府へと向かいます。その間、来迎神の眷属たちは神楽を奏し続けています。死後世界、つまりあの世への旅は決して暗く惨めなものではないのです。やがて「杵築大社」という扁額のかかった鳥居が見えてきます。ここではじめて、冥府がいかなるところなのかが判明いたします。杵築大社は出雲大社のことです。私たちがあの世、冥府などと呼んでいる世界は出雲大社を中心に展開している世界だったのです。図では先導している来迎神の後ろに付いているのが霊魂ですが、霊魂にのみ輪光がないことに注意しておいて下さい。

大国主大神に拝謁

杵築大社の鳥居をくぐった霊魂は、いよいよ冥府（あの世）の中心部へと進んでいきます。冥府の最高神は大国主大神です。霊魂は冥府の「朝廷」におもむき、そこで大国主大神に拝謁します。大国主大神は、霊魂が現世でいかに生きたかを審判し、死後の生活を決定していくのです。「死んだら何もないや」なんて考え方は通用しないのです。大国主大神はすべてをお見通しであると、心に刻み込んでおいて下さい。図では、大国主大神は御簾内にいてお顔が見えません。また、霊魂にはじめて輪光がついています。やっと神々の仲間入りができたのです。

冥府の神々のお仕事

冥府の神々は多忙です。人間の死後の審判、現世での縁結びが中心ですが、これだけからも冥府神が私たちのこの世での生活といかに深く関わっているかがわかります。まず、私たちは、あの世での安定した生活を求めるならば、この世での生活を正しく律していかねばなりません。悪徳を行い、放恣に生きていれば大国主大神の厳しい審判が下ります。図は冥府の神々が現世の人々の縁結びを行っている様子です。私たちはさまざまな人と出会い生きていますが、それは決して偶然ではないのです。この世のことも、すべて神様によって定められています。

審判後のあの世での暮らし

現世で正しく生きてきた霊魂は、大国主大神の厳正な審判を経て、神々の世界に留まることが許されます。神道では、一般的に死んだら祖霊となるといわれていますが、まさにその通りです。神々の仲間入りをし、祖霊として敬われるためにも、この世での生活を慎まねばなりません。図には、神々の世界に留まることを許された霊魂の生活ぶりが描かれています。読書にふけり、囲碁を楽しみ、琴を弾ずるなど、その楽しみはこの世のものと変わりありません。霊魂もこの段階になると神通自在の力を得ており、もう霊魂ではなく神様になっているのです。

この世での幸福

この世を正しく生きた人には、あの世での幸福が保証されます。あの世で神様（祖霊）になった私たちは、この世に生きている子孫たちを見守ることができます。そして、祖霊に守護された子孫たちの生活は、さらに豊かで幸福に満ちたものとなっていきます。このように、あの世とこの世は合わせ鏡のように組み合わされており、無限に循環し続けているのです。図には、正しい信仰と生活態度を持《じ》した人が、富みを得て、子孫に恵まれ、長寿を保っている様が描かれています。神棚がまつられ、そこに神の恵みの風が吹き寄せていることに注目して下さい。

（三）あの世の統治者

この世の御統治は天皇が行われ、あの世のことは大国主大神が治めるという典拠は、『古事記』『日本書紀』の大国主大神の国譲りの段にみられます。

『日本書紀』巻二の一書には、その際、高皇産霊神が、経津主神《ふつぬしのかみ》と武甕槌神《たけみかずちのかみ》を遣わして「あなたが治めているこの世は皇孫が治め、あなたは幽界の神事を治めなさい」とおっしゃられたのに対し、大己貴神《おおなむちのかみ》（大国主大神の別名）は「私が治めているこの世は皇孫が治めるべきです。私は退いて幽界の神事を治めます」といわれたと記されています。

これが、現世は天皇が治め、幽世《かくりよ》は大国主大神が治めることになった起源です。そして、大国主大神を御祭神としているのが出雲大社（杵築大社《きづきのおおやしろ》）なのです。

最高神天之御中主大神の御神意にそい、徳を積み、生業をなし得た者は、大国主大神にも生前の善行が高く評価され、死後も永福の地に帰着することができるのです。

それは声なき声かもしれませんが、天之御中主大神様はあの世での大安心のために、日夜熱きエールをくださっているのです。

日常の隣、そこかしこに神様はいつもいらっしゃるのです。

死後の世界は決して奈落の闇ではありません。あの世での大安心は、だれにでも与えられているのです。

この世とあの世の大安心のために、死んでからも現世の縁者を守護しつつ鎮まっている祖霊（神様）との接点をもつことは、素晴らしいことだと思います。

二、神随《かんながら》の道と霊祭

神随の大道は、簡単にまとめると1敬神、2崇祖、3霊祭（種々の供養のこと）の三つになります。この三つのうちの二つまでが、先祖の供養に関連したものです。私たちにとって、先祖の供養がどうして大事なのかを考えてみたいと思います。

人がみな長寿を全うし、徳に満ちた素晴らしい人生をおくり、子孫に見守られ、多くの人におくられて大往住をとげたとすれば、高い霊界に導かれるため、残された遺族にそれほどの心配はありません。人間の生き方に理想があるとすれば、死に方にも理想があるはずです。だれもが畳の上で、思い残すことなく安らかに、永遠の眠りにつきたいのではないでしょうか。

しかし、現実にはそのような理想的な死に方ばかりとはいえません。御家族、親類、御先祖の中に、気の毒な亡くなり方をした人がいらっしゃる場合は、よく考えてさしあげねばなりません。

1　自殺なさった方
2　殺人などの事故に巻き込まれた方
3　交通事故や水難事故などの突然の死
4　生前、業が深く多くの人から恨まれた方
5　幼いころの虐待死及び水子たち
6　いじめによる残虐な死
7　ストーカーや愛憎のもつれが原因の死

こういった亡くなり方をした場合は、とくに御供養が必要となります。

自分及び配偶者の御先祖は、祖父母までに限定しても十二名になります。自分が六名、配偶者六名の計十二名です。

この他、兄弟や姉妹が縁者のなかに含まれますから、供養する方は当然増えてまいります。もし、御縁のある方に、1~7のような亡くなり方をした人がいる場合は気をつけてさしあげて下さい。そのような霊は、霊界にも落ち着けず、迷いさまよい続けているのです。何十年、何百年、いや何千年たっても霊は彷徨《さまよ》ったままです。

このように、長きにわたって彷徨っている霊や気の毒な霊たちこそ、この世に生きる人たちが救って差し上げねばならないのです。

神恩教では、〇〇家代々の永代霊祭という方法でお救いしております。

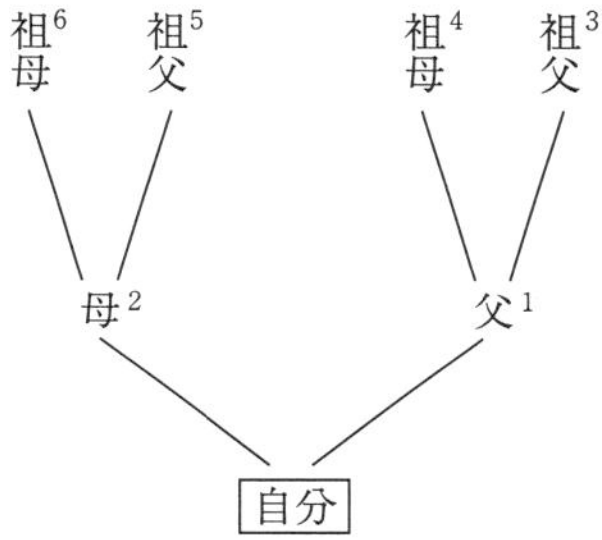

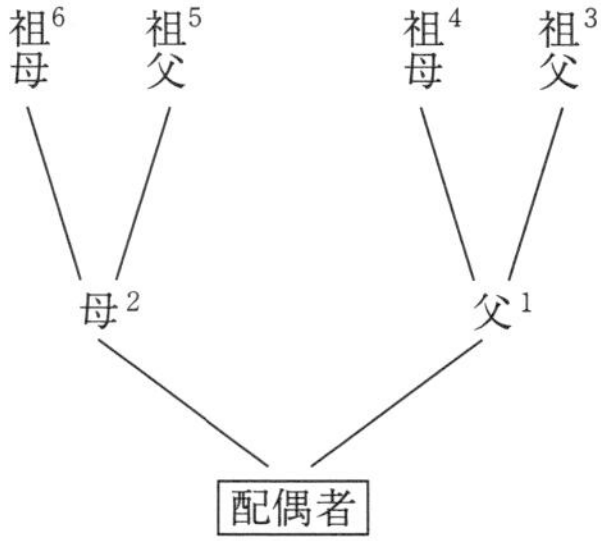

これは元神《もとがみ》である天之御中主大神様の最高、最強、最大のお力で御霊祭《みたま》をとり行うことにより、何千年、何百年、何十年、何年もお苦しみになり、彷徨われている霊たちを、落ち着くべきところに、そしてより高きところへとご案内申し上げ、その御魂をお救いする霊祭のことです。

霊祭を実践することは、御先祖の魂をお救いすることですから、現世に生きる人たちの幸運をも左右してまいります。

この世とあの世は表裏一体ですから、この世が表ならあの世は裏です。裏の不幸を消滅できれば、その結果として表の不幸も徐々に消滅してゆくことでしょう。

前述の1〜7のような亡くなり方をした人の場合は、是非御霊祭を実践なさって下さい。

天之御中主大神様の絶大なるお力で、彷徨われている霊や苦しんでいる霊を、より高き霊界へとぐんぐん引っ張ってあげればよいのです。

もし、苦しんでいる霊を供養もなさらず、放っておかれるとどのような現象がおきるのでしょうか。

この世の人たちの間ですら、二十一世紀は幼児の虐待死や金銭トラブル殺人、政界も不祥事の山をかかえた、なんとも情けない幕開けとなってしまいました。「思いやり」がいかに大切かを訴えても、電車の中ですら携帯電話に夢中の人たちに、その言葉が通じるのでしょうか。

しかし、この「思いやり」こそがこの世とあの世のかけ橋であるのです。そして今、この世が乱れているのも、あの世で居場所のない苦しく淋しい霊たちの必死の叫び声のあらわれなのです。泣き叫んでいる「嘆きの声」なのです。供養されたいのに供養されていないのです。だからそのつけとして大不況が続いています。霊たちの苦しみや淋しさは、原因のわからない病気、事業不振、いじめの被害をもたらし、さらにうつ病、社会との接点をもたないひきこもり現象、分裂病など精神的な障害をおこしたりもします。

就職とか結婚の時に、しばしば身元調査をしますね。

これは、その人の家系に問題がないかどうかを中心に、人柄や家族の評判などを調べるものですが、こういった「身元調査」よりも「霊調査」を行った方がいいのではないかと思います。

積善の家には

必ず余慶あり

と古言にもありますが、御家族や御先祖が徳を積まれておりますと、その家系も栄え、精神障害者や社会性のない人が出ることはないといわれております。

亡くなった方への思いやりに欠け、墓参りもせず、御霊舎《みたまや》や仏壇は放ったらかし、というような人の場合は、この世での人生にもきびしいものが待ち受けていると思ったほうがいいかもしれません。

たしかに、この世にはそんなに自己中心的でメチャクチャなことをして、よく罰を受けないものだと思われるような方も沢山いらっしゃいます。そのような方は、私は運が強いからと調子のいいことをおっしゃっています。

ただ、そういう方の成功は一時《いっとき》のものであり、永遠のものではないということです。悪が永遠に栄えることがないのと同じです。

このあたりで、あらためて本当の供養とは何かを知り、そして供養こそこの世に生かされている私たちがあの世にいらっしゃる霊たちに対して果たさねばならない大事な使命であることに気づいてほしいものです。

動物にだって動物霊というものがあります。決しておろそかにはできません。まして人間ともなればなおさらです。苦しんでいる霊たちに一刻も早く気づかないと、幽冥界の妖《あや》しい力に負けて引きずり込まれてしまいます。日本風俗文化史を研究されてこられた江馬《えま》務《つとむ》氏は、わが国における人間の霊的ありようを「死霊」「生霊」「幽霊」の三種に分けています。また、動物の霊的ありようも「憑《つき》」「化」「死霊」の三種に分類しています（別表参照）。

つまり、人でも動物でもあの世での苦楽は、この世での善悪の行いと霊祭をいとなむか否かによって決定されるといえます。したがって、本当の神道とは、1敬神、2崇祖、3霊祭の道に沿ったものでなくてはなりません。

このような人間のいとなみに、幽冥界主宰の大国主大神のご神慮と、元神天之御中主大神様の絶大なるお力ぞえが加われば、死後の御魂は、必ずや永福の地に帰着することでしょう。

「生きて人たる道」は、「死して神たる天（高天原）に帰る道」を希求する修行の場であり、この世は神様のありがたい思し召しを実現させていただく場所ではないでしょうか。

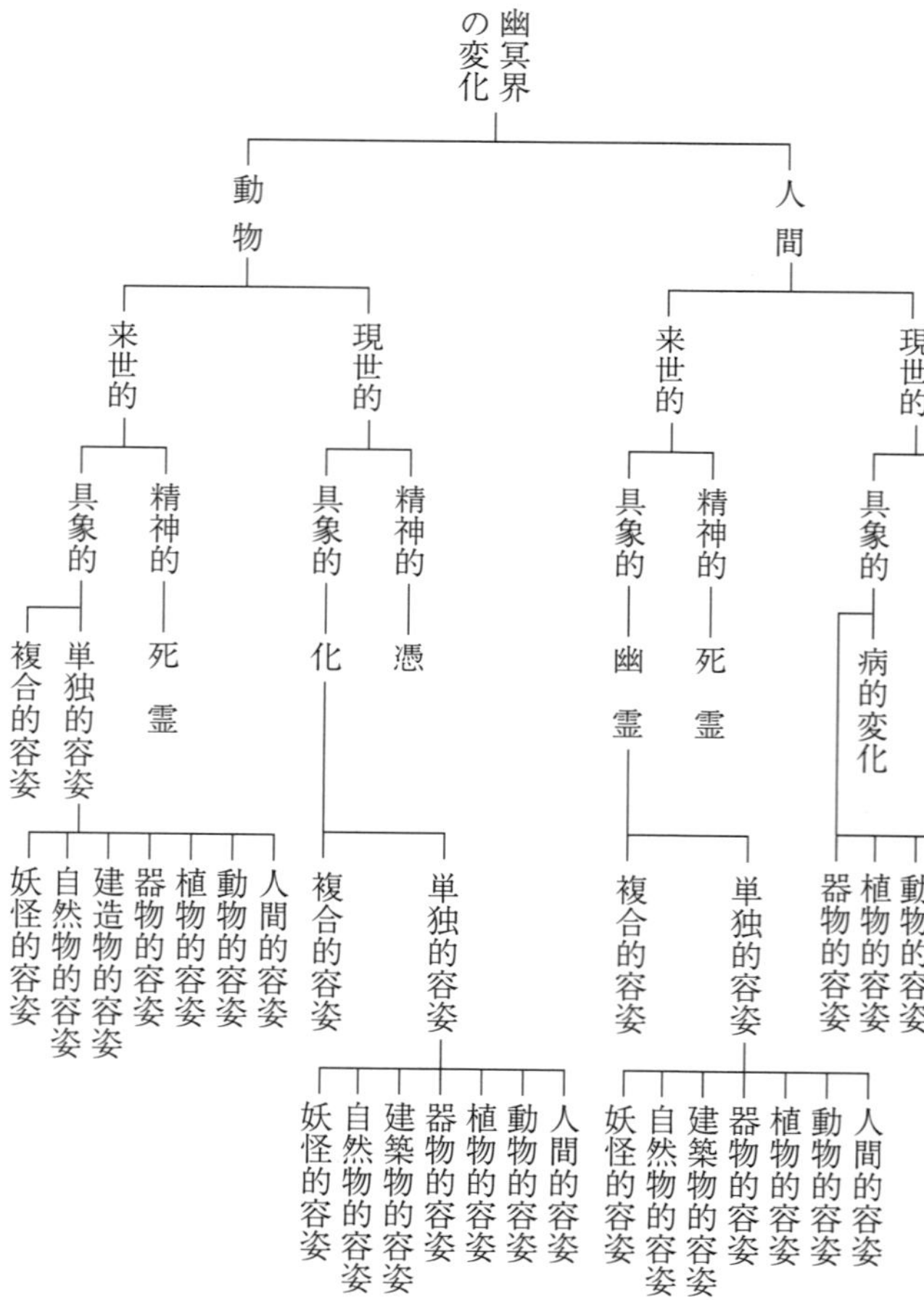

江馬務『日本妖怪変化史』（中央公論社）より。

三、生霊《いきりょう》の世界

人間のこの世における精神作用によって産み出される生霊というものがあります。この生霊は死霊より始末におえない厄介なものです。

なにしろ生身の人間が放出する想念《そうねん》ですから、そのエネルギーも非常に強くて厄介になるのです。

大体が、怨《うら》み、妬《ねた》み、逆怨《さかうら》み、呪《のろ》い、やきもち、愛憎、不平不満というような精神状態から生霊となって、強烈なパワーを放出します。

神様が最もお嫌いになるのが、この生霊のような人間の浅ましくもおぞましい想念です。そして、多くの場合、このような精神状態で常にイライラしているような方は、運のいい状態ではありません。

最近の例です。三歳くらいの男のお子さんが、原因不明の熱をしょっちゅう出して困るという方がいらっしゃいました。この御婦人の場合、以前はとても仲がよかったのに、御主人がふとしたことで浮気をしたのです。

三角関係となり、奥様も常にイライラ、御主人も家に居る時間が短くなり、たまに帰ってくればけんかとなります。

そのけんかの憎悪のパワーが、一番弱いところ、すなわちかけがえのないわが子にふりかかってしまったのです。

「このお子さんがどうなってもかまわないのですか？　お父様もお母様も……」とお聞きすると、やっとその御夫婦は自分たちの家庭を反省することになったのです。

お子さんは可愛がってもらえず、常に親の顔色を見てビクビクしていたわけですから、これでは熱が出るのも仕方のないことでした。

夫婦は、お互いに足りない部分をおぎないながら生活していくものです。

御夫婦のけんかがなくなると、お子さんの熱もピタリと出なくなったそうです。

家庭の中で両親の顔色を見てピリピリしながら育ったお子さん、あるいは大人のエゴからくる離婚の修羅場を見てしまったお子さん、こういったお子さんたちは、小さな胸をボロボロに傷つけられております。

夫婦も鏡のようなものです。鏡に向かって「バーカ」といえば、「バーカ」という答が返ってきます。

思いやりを忘れず、せめて家庭のなかくらいは、生霊とは無縁のものであってほしいと思います。

最近、成人式のマナーがなってないとか、今の若い人は社会的ルールが守れないとか、学校でも職場でもいじめは日常化しており、本当に殺伐としております。平成十三年一月、ある学校の先生たちが主催した全国大会で、挨拶に来た人に対し、「帰れ!」とか、「悪魔」「ヒトラー」などと叫ぶ場面があり、あきれてしまいましたが、教育者ですらこの有様です。政治家も横領や賄賂《わいろ》といった事件ばかりで、きちんと責任を取れる人が皆無です。なぜ秘書のせいにするのでしょうね。政治にはお金がかかるなんていう前に、選挙そのもののあり方を考えるべきではないでしょうか。

欲望が新たな欲望を生み、沢山の人々を犠牲にして企業の発展を計るようなことがあれば、その人自身にものすごいパワーの生霊がかえって行くでしょう。トップはそのことに気づいて下さい。

だまされた人は、いつまでも黙ってはおりません。

さんざん自然破壊をしてしまったので、地球上いたるところにそのツケが回ってしまい、有明海のように海苔《のり》も魚貝類も全滅してしまったり、オゾン層の破壊によって温暖化も進んでいます。人間は自分で自分の首をしめているのですが、それと同じようなことがこの生霊の世界でもあるのです。それだけ怨みつらみの生霊の感情パワーは烈しいし、質《たち》が悪いのです。

かの有名な『源氏物語』のなかにも、六条の御息所《みやすどころ》の生霊の場面があります。葵の上は、彼女のすさまじい生霊のために、遂に亡くなってしまいます。

六条の御息所は元来聡明な女性でした。自分では妬みをなんとか理性で抑えようとします。しかし、恋に狂った女性の激情はとどまるところを知りません。

その結果、理性とはうらはらに、恋情はやがて激しい嫉妬で紅蓮《ぐれん》の炎と燃えあがり、生霊となって相手の生命を奪ってしまったのです。

このように、古くから生霊の恐ろしさはよく知られているのです。人の怨み、妬みの想念のパワーは、簡単には抑えられないがゆえに、日ごろから人に怨みを買わず、生霊などに出会わないよう心がけて生きることが大事でしょう。

ノーベル平和賞を受賞したマザー・テレサは、

神と思いやりは一つであり、同じものです。思いやりは分け与える喜びです。プライド、利己主義、そして冷淡さは思いやりをもつことを邪魔します。どんな宗教を信仰しているかは思いやりとは関係ありません。宗教はわたしたちを近づけるために役に立つものであって、隔てるものではないのです。わたしたちはすべて、愛し愛されるという唯一の目的のために創造されているのです。

と述べています。

私も、この思いやりこそが、二十一世紀に生きる人たちに最も大切なのではないかと思います。

ほんのちょっと心にほのぼのとしたものがあれば、ここまで殺伐とした世の中にはならないでしょう。

神様の思いやりを知り、受けとめることができれば、とんでもない生霊の世界とは無縁でいられるでしょう。

優秀な子が学校でのストレスからいじめに走ってしまったり、大人になってストーカー騒ぎを起こすといったことでは、あまりにも生霊の世界のままです。

人間、長くても百年の寿命です。

この短い人生を、憎しみ合ったり、いがみ合って生きるなんて、なんと悲しいことでしょう。

神様は、人生をそのように過ごせとは決しておっしゃっておりません。反省するということと、参拝するということは、人間にのみ与えられた特権です。ほかの動物は、反省し、祈るということができません。人間という高等動物として生かされている以上、心豊かに、仲よく暮らしたいものです。

四、死霊の世界

神様は宇宙を創造し、地球、大自然、植物、動物、生物を生み、この世のあらゆる現象を見守って下さっています。

しかし、生あるものには必ず死があります。これもまた必然といわねばなりません。

ここで、他界へと旅立った死後の霊魂の世界、すなわち死霊の世界とはいかなるところなのかを考えてみましょう。

1敬神、2崇祖、3霊祭（供養祭）という神道の実践項目のうち、2の崇祖が他界の霊を敬《うやま》うつとめです。

しかし、敬われることのない淋しき霊たちの嘆きをお考えになったことがあるでしょうか。

だれにも供養されなかった霊とか、あるいは御魂が他界へ行っているのにこの世への執着がとても強くて、死んでも死にきれない哀れな霊たちは、血縁の人に、警告を含めて切実に訴えたいことがあるのです。そのあたりをわかってあげて下さい。

御魂の霊を、日ごろの祖霊祭によって供養することが大切なのです。死霊の世界は、決しておどろおどろしい恐怖の世界ではありません。みんなで心より供養させていただく気持ちをもち、あたたかく接していくことが大事なのです。

最近、残忍ないじめや事故死、自殺、神経系の病気が原因の事件が多発しています。死後の世界、つまりあの世ではまったくうそが通りません。この世での生き方が、誕生から死にいたるまで、たとえばビデオにとられているのと同じだと思って下さい。その全シーンを、自分の目の前で見せつけられれば何の弁明もできないはずです。まぎれもない事実だからです。死んでしまえばすべては御破算になるなんて、この世に生きる人の御都合主義なのです。ビデオにとられているよりもっと鮮明に、あの世にいってから、すべてをはっきりと見せられるのです。ですから、この世での善悪次第で、あの世でのあなたの居場所は決められていくのです。

どんなに、大変で八方塞がりになっても、自殺だけはなさらないで下さい。

ある自殺を考えた方のお話です。

その世界に一歩足を踏み入れようとしたら、真っ暗なトンネルのような道がありました。

何か物音がするので、だれがやってきたのだろうかと思い見てみると、くるはくるは、それはいつか地獄絵でみたことがある餓鬼の姿をした人たちです。

その人たちが自分の方に向かってやってくるのです。暗やみの中で、亡者となった人たちが餓鬼の姿になってうごめいています。

なかには、お互い体中をかじり合っているものもいます。そして、一人の亡者が自分の体をつかみました。ガリガリゴツゴツとした亡者の体がふれ、あの世へと引き込まれようとした時、我《われ》にかえって薬（睡眠薬）を必死に吐き出したそうです。

何と恐ろしい世界にいこうとしていたのだろう、と気づいたからです。

この人は、暗やみのなかにいる霊たちは、現世に残された人が必死で供養して差しあげないと、いつまでもさぞや苦しいだろうなあ、とつくづくわかったそうです。

ところで、神経系統の病気が近年非常に増えていることは御存知の通りです。神経とは、読んで字のごとく神《かみ》を経《へ》る、つまり神を通してまっすぐな道をいくことですから、この「神の通り道」に異常が生じて、心を病むのだと思います。したがって、神経系統の御病気の方には、一族や血縁の方に、自殺者や事故死者が必ずといっていいほどいらっしゃいます。

その方たちが、苦しくて苦しくて必死に叫び訴えているのですから、気づいた血縁者はただちに祖霊を御供養して下さい。

一族のうちで、だれかお一人でもいいですから、気づかれて御供養をすれば、多少の時間はかかっても必ず物事が好転してゆきます。精神を病む御家族のいらっしゃる方は、一度天之御中主大神様による祖霊の御供養をなさると効果がわかります。祖霊を供養することは、元来神の御心にかなう一つの方法であり、正しい道なのです。

家庭内の乱れ、学校の乱れ、社会の乱れ――これらは供養されない祖霊たちが、現在いかに多数を占め苦しがっているのかを示すものであり、さらにはこの世への警鐘にほかならないのです。

また、死霊で困った問題となるのは、土地や建物、部屋に執着した場合です。

だれが経営しても、そこで商売をやると必ず失敗してしまう店舗。

なぜか不吉なことばかり起きるマンションの部屋。

立派なお屋敷だけど、その家を買った人は必ず亡くなられる。

こんな話を一つや二つお聞きになったことがあると思います。

そもそも現代の人は、土地の大事な清め祓いである地鎮祭すらまったく行わなくなっています。利益ばかりを追求し、その結果、工事中に人身事故をおこしたり、土地の障《さわ》りをもろに受けて家が建ってからもローンが払えず所有者が転々とするなど、結局つまらない損害を被っているのです。

死霊的な障りや各種の汚《けが》れ、災《わざわ》い、不幸を取り除くためには、死霊を鎮め、天之御中主大神様の絶大なるお力によって、すべて祓い清めねばなりません。土地や建物、そして部屋は、祓い清め、死霊を鎮めて差し上げるという供養をすればよいのです。

地鎮祭は、そういう意味でもとても大切な神事なのに、それを忘れてしまったり、知っているのに省いてしまわれる方が多いのは、自ら不幸を招くようなものです。

山田風太郎氏の作品にある、次の一節をよくかみしめてみて下さい。

死が生にいう。

「おれはお前がわかっている。しかし、お前にはおれがわかっていない」

五、古代人と葬送儀礼

古代人は、人が亡くなると亡骸《なきがら》の処置に大変とまどったようです。

縄文時代には、死霊が荒魂《あらみたま》となってすぐに生き返って人々に害をなすことをおそれたため、足を曲げた状態で埋葬する屈葬という方法が行われていました。また、その土地その土地の情況に応じて、水葬や風葬なども行われていたようです。

弥生時代になると、甕《かめ》棺という大きな素焼きのかめに亡骸を入れ、地中に埋めて死者を埋葬する方法が行われるようになりました。また、箱式棺といって、板石を四角に組合わせたものが墓にもちいられるようになりました。

弥生時代には農業が発達し、次第に財産をたくわえた古代豪族が出現してまいります。彼らは権力の象徴として、古墳という巨大な墳墓をつくることによって、その権勢をひろく世に知らしめたのです。

古墳はその形から、円墳、方墳、前方後円墳などがあり、内部は玄室《げんしつ》といい、その中に棺が納められます。玄室は三メートルほどの高さがあり、副葬品も多数納められました。副葬品のなかには、日用品から武具刀剣類、装身具、宗教的な呪具や鎮魂の呪具などもあり、文化遺産として優れた芸術品も見られます。

しかし、ふつうの人々には古墳建設などできませんでしたから、抱石葬《ほうせきそう》といって大きな平石を胸の上に載せ、横穴式の共同の墳墓に葬られることが多かったようです（たとえば、吉見百穴など）。

また、古代の埴輪《はにわ》は殉死を禁じたことにはじまるといわれますが、このほか封鎖呪術的な意味もあったようです。つまり、死霊を制圧するために、古墳のなかに封鎖しておく必要があったわけです。死後まもない荒魂は、やはり恐怖の対象だったのでしょう。この荒魂を、鎮魂、祖霊祭、葬送儀礼などによっていかに昇華させ、私たちの守り神となる祖霊として祀り上げるかが重要なポイントだったわけです。

古代の葬送儀礼のなかに、「殯《もがり》」と呼ばれるユニークなものがあります。現在のお通夜の、古代的なやり方です。「殯」とは、喪屋における生活をさしています。「殯」を専門職とする人々を遊部《あそびべ》といいましたが、彼らは死者の荒魂を鎮めるために鎮魂の神楽をしながら、喪屋のなかで生活をしたのでした。

遺《のこ》された家族や仕えていた人たちが、一定期間世間からまったく隔離して、死者とともに生活をし、故人に食膳を供え、恐ろしい荒魂の霊をなんとかして抑えようとしたわけです。そのために、朝夕食膳を供えたり、歌舞音曲の遊びを行ったりして、魂呼びを行ったわけです。

そして、魂呼びを行っても蘇生しないと確認すると、やっと喪に入ったのです。

「殯」の間に故人が本当に蘇生するのを願うという意味も込められていたため、古代の天皇や貴族は遊部にこの儀礼を行わせ、同時に死者に諡《おくりな》を贈ったのです。神武天皇から天武天皇の時代、「殯」の期間は二年間余にわたっていたことが、『日本書紀』に記されています。

つまり、死者は満二年近く地上に置かれ、埋葬されなかったわけです。

古代では、古墳に見られる土葬のほかに、水に流す水葬、野山にそのまま放置する風葬なども行われていたようです。

時代がくだると、古墳が否定される「大化の薄葬令」という転機がやってきます。「葬《そう》は蔵《かくす》なり」とされ、葬送は死体を隠すことが目的なのだから、大きな古墳は必要ない、という発想に変わっていったのです。そして六四六年、「薄葬令」が発布され、大きな古墳を造ってはならないとされ、「殯」も徐々に衰退していったのでした。「薄葬令」そのものは、唐の模倣とされますが、墓地を荒地に定め、農耕地を大切にしたという点ではよい法令でした。古代中国でも、死体は野山に捨てられることが多かったようです。

『孟子』にはつぎのように記されています。捨てられた死体は風化して骨になります。その骨を家にもって帰り、あらためて祀るのです。「死」という字は、歹は肉体が滅んで肉がバラバラになった状態を表わし、つくり（旁）の匕は、その骨を跪《ひざまず》いて拝んでいる形を表します。中国の人々は、死体を野山に捨てるといっても、それなりの儀礼を重んじて捨てたわけです。

つまり、死体は車に載せられて原野の草原へと運ばれます。そこで草の上に置かれたのです。そして、死体を草でおおい隠したのです。この儀礼のことを、中国では「葬」といったのです。葬とは、草のなかへ死体を安置させる、という意味だったのです。

「墓」という文字も、土の上に人が横たわり、それに日が当るので、上に草をかぶせたという意味に解釈できます。墓は死体を葬った場所という意味になりますね。

火葬は、火による再生と浄化を信じ、八世紀に入って奈良元興寺《がんこうじ》の道昭《どうしょう》が弟子に遺命して実行させたのがはじまりとされています。平安時代になると、火葬は広く民間に行き渡り、土葬とともに日本の代表的な葬法の一つとなったのです。

神道では、火葬や土葬によって葬られた死者の霊は、浄化されて祖霊となり、家の護《まも》り神になると考えられています。死して神になるわけです。

死者は、奥津城《おくつき》（お墓）に埋葬されますが、奥津城とは、人里離れた幽邃《ゆうすい》の地のことを意味しています。人里離れた幽邃の地こそが、死霊が籠《こも》るのにふさわしい安住の地と考えられたのでしょう。また、山が死霊のおもむく場所と信じられていた時代もあります。

歴史のおもしろいところは、皇族、貴族たちが八世紀初めよりそろって火葬を採用したのに、火葬のブームが長く続かなかったことでしょう。つまり、再び土葬のほうがより一般的になってしまったのです。それは、火葬が新羅の影響によってはじめられたと考えられたからです。六八一年、新羅の文武王、孝成王、宣徳王や貴人たちの間で火葬が盛んに行われました。この影響でわが国でも火葬が盛行したわけですが、七二七年日渤間の交流がはじまると、日本と新羅は不和となり、それを反映する形で聖武天皇以降火葬は衰退し、土葬が中心となっていったのです。

このように、古代の人々の死生観や葬送儀礼の推移をみていくと、人間にとって死者となってから生前の罪穢を祓い清めてもらうことがいかに大事であるかがわかります。しかし、一番大切なのは、生前から正しい一筋の信仰をもち、自らの罪穢を積極的に清めておくことなのではないでしょうか。

六、神葬祭と奥津城（お墓）

この世を去った人があの世に行く時、神道では神葬祭という霊祭（葬儀）をとり行います。この神葬祭は、仏教系の御葬儀に比べるとかなり少なく、みなさんもあまり目にされないはずです。

これは、江戸時代に寺請制度というものがあったからです。当時、キリシタン禁教のため、すべての人はいずれかのお寺の檀家《だんか》にならなければならず、葬儀は仏式で行うことと定められていたのです。神職などが神葬祭を行う場合は、幕府の「諸社禰宜《ねぎ》神主諸法度」に基づいて願い出て、許可を得た上で祭祀を行ったのです。

また、明治十五年になると、神官は国家の宗祀である神社奉仕に専念するのだから、葬儀に関与してはならないと定められました。こうした状況が昭和二十年の第二次世界大戦敗戦の時まで続いたため、神道による葬祭が少なくなってしまったのです。
戦後、これらの法令は廃され、最近は神葬祭への要望が増える傾向にあります。

（一）神式の霊祭（葬儀）

霊祭（葬儀）を人生最終の重要な儀式と考えることは、神道でも同様で、決して他宗教に劣りません。いいえ、むしろ最も重視しているといっていいかもしれないくらいです。したがって、正式に神葬祭をとり行うとなると、納棺の儀からはじまって、埋葬祭または火葬祭の儀にいたるまでの祭具、用具、服装、祭場の装飾など、なかなか大変な準備が必要になってきます。

いよいよどなたかが死去（帰幽）したら、まず、

1　神棚と祖霊舎にだれが帰幽したかを奉告する
2　神棚の前面に白紙を貼る
3　病気平癒などを祈願している場合は祈願解きをする

つぎに、喪主、葬儀日時の決定、親族知己への通知、葬場、死亡届、火葬、埋葬などの許可手続きを行いますが、これは他宗教と同じです。ただ、葬儀社には神葬祭であることを通告しておかねばなりません。

(二) 霊祭の手順

1 枕直しの儀
2 納棺の儀
3 柩前日供《きゅうぜんにっく》の儀
4 御神前に帰幽奉告の儀
5 墓所地鎮祭(祓除)の儀
6 通夜祭の儀
7 遷霊の儀
8 発柩祭の儀(出棺祭)
9 発柩後祓除の儀
10 葬場祭の儀

11　埋葬（火葬）の儀
12　帰家祭の儀
などが順次行われます。

このあと、御霊舎の前で、翌日祭、毎十日祭（十日、二十日、三十日、四十日、五十日）、百日祭、一年祭が行われます。五十日祭が終わると、祖霊舎に御霊を合祀する合祀祭が行われます（百日祭、一年祭のあとに行うこともあります）。

これらの儀礼を支えている神道の世界観は、仏教の説く世界観とは異なり、これまでに述べてきましたような伝統的な他界意識を前提にしていると考えられます。

そのことを最もよく示しているのが、死者の霊に神饌《しんせん》を供えるということでしょう。神道では、人は死んでからも、御魂は私たちのすぐそばにあり、家の近くにいて、

御霊舎

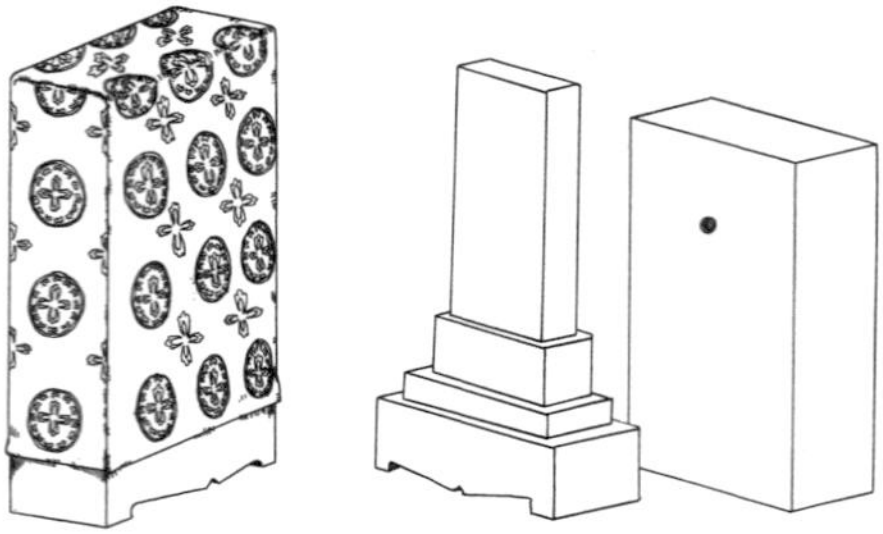

御霊璽

幽界と現界を自由に行き来すると考えられています。そして、生前と同じように生活をしているととらえられているのです。神饌となる食物を、生きている人にさし上げるのと同じように死者にお供えするのは、このような考え方に基づいているのです。

さて、仏教の位牌《いはい》と同じ役割を果たすものを、神道では霊璽《れいじ》と呼んでいます。

通夜祭の時、故人の御霊をこの霊璽に遷し（遷霊の儀）、御遺体は奥津城（墓所）に納骨（一般には五十日祭のころ）します。

また、御霊舎（仏教でいう仏壇のこと）に安置された霊璽は、忌明後（五十日祭）、永く家の守護神として祀られることになります。

このような理由で、神道では埋葬後、御霊舎と奥津城（墓所）の両方で、故人の祭祀を続け、霊祭をとり行っていくのです。

出棺（発柩祭）、埋葬（火葬）が滞りなく終了すると、帰家祭では塩を用いた清祓の儀礼が行われます。葬儀のあとの塩は、実は神道特有のものであり、清めの塩は神道の象徴でもあったのです。

(三) 奥津城(お墓)の話

さて、霊祭(仏教では供養)のお話で、どうしても忘れることができないのは、奥津城(お墓)の問題です。

最近は、親ごさんのお墓参りも、遠いからとか、忙しいからとかで、何年も行っていませんという方がいらっしゃいます。

親ごさんたちは淋しがっていますよ。親ごさんに迷惑をかけたこと、お世話をしていただいたことは山ほどあるのに、お返しはきちんとしましたか。せめてお墓参りくらいはきちんとして差し上げて下さい。

毎日仏壇に手を合わせ、御飯、お水、お茶を差し上げ、お花もたむけているから、お墓参りをしなくてもこれで充分だとお考えの方もいらっしゃるかと存じます。そして、一方的に仏様に願いごとをなさる方も多いようです。

亡くなった方には、他界という終息の場での御修業がそれなりにあるのですから、この世に残された人は供養して差し上げるのが役目なのです。亡くなった方に、一方的に願いごとを唱えるのではなく、「安らかにお過ごし下さい」とお声をかけるくらいでいいのです。

つまり、故人を敬うことが最も大切なのです。

神道では祝詞《のりと》を奏上してお参りいたしますが、仏教ならお経を読んでさしあげるとよいでしょう。

ただし、お墓参りだけはきちんとなさって下さい。お金をそんなにかけなくても、故人への真心があればいいのです。そして、そのお墓ですが、

1　お墓（奥津城）は清浄に

お墓（奥津城）はきれいに掃き清めて下さい。

2　無理をせず分相応の建墓を

風通しのよい明るい場所に建てられたガーデン墓地が流行していますが、全体の調和やお墓までの交通の便を考えて決めるとよいでしょう。

3　お花とお灯明

お墓参りの時に、よく忘れられてしまうのがお灯明です。きちんとしたお墓に

は灯籠がついているように、お墓参りの際には本当はお灯明としてろうそくを立てた方がいいのです。あとで消してあげればいいのですから。これは、亡くなった方の霊に対して、「ここがお墓ですよ」という道案内になるから明かりをおつけしておくのです。

墓前にお供えするお生花は、絶対に切り花にして下さい。根つきの花は、死が根つくという忌み言葉につながり、タブーとされるのです。

ちなみに、灯籠は知恵を表し、お生花は慈悲を表すといわれております。

また、生前故人がお好きだった食べ物は、お供えしたら帰る際にもってきた方がいいでしょう。カラスや犬、猫などに荒らされたり、旧くなったりすると、かえって故人に失礼になるからです。

お墓（奥津城）はあくまでも清浄にし、真心こめてお参りして下さい。

民俗学者の柳田国男は、「亡骸《なきがら》はやがて朽ち行くものとして、遠く人無き浜や谷の奥に隠して、これを自然の懐に返して居たのである」と述べています。一般の人々がお墓を造るようになったのは、江戸時代も半ば以降、檀家《だんか》制度が普及してからのことだったのです。

その後、明治十七年に「墓地及埋葬取締規則」が定められ、明治三十年に「伝染病予防法」が成立したことにより、家族墓が普及するようになったのです。

現在は、厚生省生活衛生局が「墓地、埋葬等に関する法律」で規制しておりますが、人口の増加とともにお墓の問題もさまざまな論議を呼んでおります。

（四）これからのお墓（奥津城）

最近わが国でも、少子化、生涯独身、離婚、結婚はしたが子供はいないもたない、子供はいるが仕事や結婚で外国や遠方に在住しているなど、さまざまなライフスタイルがみられるようになりました。こうしたライフスタイルを反映して、お墓の形態もかわってくるのではないかと思われます。

そのいい例が一人墓とか夫婦墓であり、おのおの永代供養つきが特徴になっております。

平成十二年十二月六日の『読売新聞』でも、この永代供養の風潮が大きく取り上げられています。抄録してご紹介してみましょう。

寺院の続く限り死後の供養を続けてもらえる永代供養墓が、この一年ほどの間に全国で五十二基も新たに設置されたことがわかった。（中略）永代供養墓は、寺院が続く限りお墓を管理し、盆や彼岸に供養することを約束して販売される。個別に墓石を建て、一柱ずつ納める形式もあるが、百柱以上の遺骨を納める合葬形式が最も多い。（後略）

生前に永代供養料（三十三年とか五十年）を納めれば、後継者がいなくても、神職なり住職なりが永代の供養をとり行ってくれるわけです。無縁化を心配しなくてはならない人が多くなってくるこれからの時代は、永代供養つきのお墓が多くなると思います。

そしてさらに、国籍を問わないお墓も増加することでしょう。また、葬儀そのものの生前予約も多くなっています。一人暮らしの高齢者が多いからです。葬儀とお墓を一体化したビジネスを考え出した会社もあるくらいです。

世の中は、ＩＴ革命とやらですっかりインターネットの時代になってきました。そこで登場したのが、電脳墓（サイバーストーン）です。遺骨は粉状の灰にして自然界に還し、さまざまな記録をメモリーとしてコンピューターのインターネット上に残すというものです。

お墓参りの方でも、コンピューターシステムを駆使した分離移動型納骨堂なるものができています。これは、カードを使用して登録されているお経を読み上げてもらいお墓参りをするというもので、駐車場の立体タワーのようなスタイルをとっています。

環境の変化、家族制度の変化などで、お墓も形をかえてきたのです。都市の墓地不足や核家族化によって、遠方の墓参りより近くの供養塔の方がいいと考える人も増えています。

しかし、どのようなお墓の形態になっても、御先祖様は大切に真心こめて敬いたいものです。

(五) 奥津城の改葬

奥津城(お墓)の改葬(引っ越し)については、踏まなければならない手続きがありますので簡単に説明いたします。

新しい墓地(奥津城)が決まりましたら、その墓の管理者(寺院や霊園や宗教法人)から「受入証明書」を交付してもらいます。

つぎに、現在お世話になっている墓地の管理者から、「納骨(埋葬)証明書」を交付してもらいます。

この時、仏教系の場合は閉眼《へいがん》供養をしなければなりません。お世話になっていたところなのですから、今までのお礼と「閉眼供養料」をお納めし、また管理費の清算をきちんとしてから改葬に当って下さい。また、御住職によっては改葬を快諾してくださるとは限りませんので、そのような場合は、あらかじめ寺院の総代や世話役さんに御相談して、仲介の労をとっていただくと話がスムーズに運ぶかもしれません。

正式に改葬が決まりましたら、墓地を掘り移転を実行します。

移転先では、新しい墓地の工事終了ののち、しかるべき日を選んで閉眼供養と納骨供養を行い、これで改葬は完了します。

(六)　納骨の件

葬儀が終わり、神道では三十日祭か五十日祭、仏教ならば満中陰（三十五日か四十九日)、キリスト教でも三十日か五十日の忌明けのころが、一般的に納骨の時期といわれております。また、お墓がない場合は、百日か一年くらいを目安にして納骨を済ませるようです。

また、納骨の仕方も関東と関西では違います。

関東では、カロート（納骨棺）の中に、骨つぼのまま安置します。

しかし、関西では白の木綿のさらし袋（お骨経袋《こつきょう》）に、写経した巻物と骨つぼから取り出した遺骨を一緒に入れ、袋のまま安置するのです。

また、地方によっては、カロートの中に骨つぼから遺骨を出して安置するケースもあるようです。

その地方の慣習に従うのが一番よろしいでしょう。

いずれの方法をとるにしても、納骨時には、神道なら神職に納骨のための祝詞奏上をしていただくか、仏教ならば住職にお経を読んでいただくことになります。

納骨の時に、遺品も一緒にと思われる方もいらっしゃいますが、遺骨は自然に還るものですし、本来土に還るべきものなので、カロートの中に物品を入れることはあまり好ましくありません。

想い出の遺品や愛用品は、御霊舎か仏壇の上に置き、しばらくたってから（一周忌がすぎたぐらい）徐々に処分していかれるのがいいようです。カロートの中に安置した骨つぼには、時間の経過とともに結露《けつろ》が生じ、中の御遺骨も自然と風化していきますので、結局は土に還っていくのです。

（七）霊璽・戒名《かいみょう》（法名・法号）

神道では、亡くなった故人につけた名を、霊璽（仏教で位牌と同じ）という白木の札に書き記します。

男性の場合、生前の本名に付け加える形で、命《みこと》、あるいは命之霊位《みことのれいい》と記します。女性の場合、女命《ひめみこと》、あるいは女命之霊位《ひめみことのれいい》を用います。

つまり、本名の下に、命か命之霊位と記すわけです。

これを御霊舎（仏壇と同じ）に、仏教の位牌と同じように安置するわけです。

仏教ですと戒名（法名・法号）になります。戒名は、出家して仏の弟子になりましたという意味で、俗名をあらため授けられる名前ですから、御住職さんにつけていただくのが一般的です。生前のその人の社会的地位や財力、寺院への貢献度などによって、御予算にもかなりの幅があるようですから、各寺院にそれとなく御相談なさって決められるのがよろしいでしょう。

あまり無理をなさらず、これから御霊を護《まも》っていくためにも、故人の分相応の戒名を授けていただくのが望ましいと思われます。

七、この世とあの世の大安心

この世での大安心をもたらすものが信仰であるならば、あの世での大安心を保証してくれるのは、天之御中主大神様への信仰に基づく霊祭（供養祭）にあるといえましょう。

敬神、崇祖、霊祭という三つのキーワードにより、神様の御神意に沿った生き方をしていれば、天体が動いていくように一定の中心が定まり、正しい軌道上を進め、万に一つの誤りもありません。

しかし、人間はみな、悲しいほど弱くて愚かです。

同じような間違いをくり返しては後悔し、そんな思いを日々いだきながら、自分ではどうすることもできなくて、むなしく月日を重ねているのです。

己れの愚を責めてもどうしようもありませんが、みな何かを背負っているのです。

そして、いかに心がさまよい、肉体がさまよっていても、落ち着くべきところに落ち着きたいのです。

みなさんが背負っている荷物を少しでも軽くし、さまよう人々の魂が最後に落ち着く場所、そこが元神天之御中主大神様のところではないでしょうか。

生きることはこの世に寄することであり、死ぬことはあの世に帰することです。生きて人たる道、死して天（高天原）に帰る道、その道を私たちは歩み続けているのです。

カルトの子も、いじめいじめられし子たちも、心が真空状態になっています。大人は大人で、長びく不況や対人関係によるストレスを、上手に乗り切れないままでいます。今、地球上の人々は、大人も子どもも、かつてないほど危うい時代を生きぬいていかねばなりません。

それには、既存の宗教観を打ち破るような、新しいさわやかな風が必要となりましょう。

二十一世紀の曙となるべき道は、この世とあの世に大安心をもたらす元神天之御中主大神様をおいてほかにはないと思います。

終論――二十一世紀の宗教界に新風を！

一、変化の時代にこそ元神様を

天之御中主大神様は宇宙創造の神、宇宙の中心の神として屹立《きつりつ》していらっしゃいます。そのお名前は、『古事記』の神々の系図に元の神として明記されております。天之御中主大神様は、元の神様ゆえに、最高、最大、最強のお力をもち、大きな徳を備えておられます。

したがって、宇宙万有はすべて天之御中主大神様に帰結いたします。

それゆえ古代より世界各国にその分霊・分身が顕現され、人類を導き、救ってこられたのです。

二十一世紀になり、世界の状勢もこの国のありさまもどん底に達しています。人心は悪化し、弱い子どもたちも、老人も、若者も、精神はボロボロの状態です。

不思議とだれも責任をとりません。社会的責任の高い立場にいる高級官僚、大企業のトップ、政治家のトップに限って、なぜか自分の保身に必死なのです。

また、二十一世紀になるやいなや、大きな地震があたかも天の裁きのごとく突然発生しました。

この危うく急激な変化の時代を生きぬく最もよい方法は、天之御中主大神様と御縁を結ばれることだと思います。そのメソッド（手法）の一つとして、神恩教には神霊術修業があります。本書で初公開いたしますので、よくお読みになって参加してみて下さい。

二、神霊術修業の秘儀

神霊術修業と鎮魂帰神法

「この世とあの世」を対比させながら、ここまでお話をすすめてきたのは、この世で願望を実現して幸福になるには、あの世のことを知っておいていただかねばならないと思ったからです。

この世とあの世は写し鏡のようなものですから、この世のことはすべてあの世に反映されていきます。

私たちは、この世で神様を信じて正直に生き、神様のお蔭を頂戴し、幸せに暮らしていかねばなりません。そのような生き方をして、納得のいく人生を過ごした方は、それがそのままあの世での生にも投影されていくのです。

神様を信じ、願望を成就するためのノウハウについては前述した通りです。しかし、それでも「雲をつかむような話だな」と思われた方がいらっしゃるかもしれません。

神信心や願望成就祈願などは、口でいうのはたやすいことです。しかし、実際に神様の存在を信じたり、本当に願望が実現するよう祈請をこめるには、辛抱強さと努力が必要とされます。また、神様のあらわれを実感するのも難しく、祈願による願望実現も多くは偶然性と紙一重のものと考えられているはずです。

私たちの神恩教では、教祖先生以来このような不確かさを乗り越える秘儀を受け継いでまいりました。

それが「神霊術修業」という行法なのです。

神霊術修業というと、大正期から昭和初期に流行した俗流の神霊術を思い浮かべる方も多いことでしょう。

しかし、教祖先生が実践し、今現在も継承され続けている神恩教の神霊術修業の実態は、まぎれもない鎮魂《ちんこん》帰《き》神法《しんほう》の一種なのです。

鎮魂帰神法というのは、文字通り魂を鎮めて神さまに降臨していただくことを目的とした行法で、古来から神道でも秘儀中の秘儀とされてまいりました。

この秘儀は長らく埋もれていましたが、明治初期に本田親徳《ほんだちかあつ》によって再興され、「霊学」という名称で多くの宗教者に受け継がれていきました。

静岡の神道家であった長沢雄楯《ながさわかつたて》氏、大本《おおもと》の出口王仁三郎《でぐちおにさぶろう》氏、神道天行居《てんこうきょ》の友清歓真《ともきよよしさね》氏などは、鎮魂帰神法をその教学の中核においていました。

また、同じ血脈に連なる人として、世界救世教の岡田茂吉《おかだもきち》氏、成長の家の谷口雅春《たにぐちまさはる》氏、道ひらきの荒深道斉《あらふかみちなり》氏、真光の岡田光玉《おかだこうたま》氏といった、新宗教界の錚々たるメンバーを挙げてもよろしいかと思います。

私たちの神恩教では、教祖先生のご意志もあって、神霊術修業=鎮魂帰神法は秘儀とされてまいりまして、外部に向かって喧伝されることはありませんでした。しかし、教祖先生が修業と研鑽を積むことによって確立した独自の鎮魂帰神法は、着実に受け継がれ、現在も生きているのです。

本書では、これまで神恩教の神域の深奥に隠され続けてきた神霊術修業＝鎮魂帰神法の秘儀を、特別に公開したいと思います。

この秘儀をご紹介しておけば、なぜそれが神のあらわれを確実にキャッチすることにつながるのか、また祈願による願望実現がどうして必然性をもつのか、といったことが十分納得していただけるかと思います。

まさに、神恩教の神霊術修業＝鎮魂帰神法は、目に見えないものや世界をとらえる早道であり、不確実なものを確実なものとする秘儀なのです。

はじめに、一般的な鎮魂帰神法について簡単に触れ、ついで神恩教で行っている神霊術修業の説明をしてみたいと思います。

一般的な鎮魂帰神法は、神様が降りる器となる「神主《かむぬし》」と「審神者《さにわ》」がペアになって行います。神主と審神者は鎮魂帰神の行法に入る前に、魂を清め、一切の妄念を払って、神様が降りやすい状態に自らを整えます。

ついで、神主と審神者は向かい合って座り、審神者は神様の降臨を願い、その場を清めるために、岩笛を吹いたり、鈴を鳴らしたり、祝詞を唱えたり、真言や呪言を唱えたりします。この審神者がとる手法は、流派によってさまざまです。

笛の音や鈴の音、祝詞の抑揚に合わせるかのように、神主はトランス状態に入り、やがて神様が降りてまいります。審神者は神主のトランス状態が危険な方向に向かわないようにコントロールしつつ、降りてきた神様の種類や言葉を見分けていきます。

以上が一般的な鎮魂帰神法といってよろしいでしょう。この方法は、神主には霊媒(神の憑《よ》り代《しろ》)となる特殊な能力が要求されますし、審神者には神様を降ろし見分けていく豊富な学識や経験が求められます。だれもがいつでも行えるというものではないのです。また、神様への信仰ということだけを考えますと、あえて行う必要もないでしょう。

私たち神恩教で指導しております神霊術修業は、一般に行われている鎮魂帰神法のように、特殊な能力や経験を必要としません。どなたが試みてもいいのです。神様への信仰心をもって参加すれば、霊能力が開け、一定の段階の霊性に達することができるように、神霊術修業は組み立てられているのです。

これは、どのような方でも、特別な資格や能力がなくても、私ども神恩教の神霊術修業を続けてさえいれば、神様とふれあい、神様のお力を授かることができるという ことを意味しています。つまり、神霊術修業とは、願望を実現し、幸福を得るための ご修業といえるのです。

教祖先生の偉大さは、神霊術修業＝鎮魂帰神法を宗教家というプロの独占物とせず、 だれもが行え、最高の効果が得られるものとしたところにあると私は考えています。

神恩教の神霊術修業

天之御中主大神様との融合

神恩教でいう神霊術修業とは、宇宙創造の神、天之御中主大神様のお力を直接体に つけていただく修業をさしています。

唯一絶対神である天之御中主大神様への絶対的依存という信仰のもと、神霊を受け 入れるためにプログラムされた一定の半意識的運動を端緒として、そのあとは無意識 に起こる自動運動（天之御中主大神様のお力の拝受）に身心を任せるのです。

もう少し具体的に申しますと、「真心をもって神拝することこそが、天之御中主大 神様を拝み、天之御中主大神様に接する初めであり、すべてであり、根本である」という信仰をもとに、指を組みあわせたままの状態で、両腕をしばらくの間上下に律動させていると、自然と身体に無意識の運動が起こります。これを、私ども神恩教では「霊動」もしくは「霊威」と呼んでいます。これこそが、天之御中主大神様のお力を拝受した神徴であり、場合によっては天之御中主大神様ご自身がご降臨されていることでもあるのです。

この修業を反復していくことにより、人間のさまざまな穢れが浄化され、周囲の環境も浄化されて、絶対神天之御中主大神様との融合が達成されます。霊動は、はじめのうちは不規則で激しいものとしてあらわれますが、修業を積むにしたがって舞のごとく優美なものへと変化していきます。私たちはここに、自己の霊魂が天之御中主大神様と融合・合体した神人感応（神人合一ともいいます）の極致を見いだすことができます。

そのヴィジョンはたとえようもなく麗美なものです。

天之御中主大神様の御神霊は、一柱の光となって私たちの体に降りてまいります。私たちの体そのものが光になるのです。と同時に、私たちの意識も光へと変性《へんせい》いたします。天之御中主大神様のお力により、身心がともに光に変性した時、私たちは神に近い存在になるのです。これ以上美しい姿は地上にはございません。

神人感応とは、霊的にみれば、人間の体が黄金の塊になっていくことです。神霊術修業によって、自らの身心に光の結界を張りめぐらしておけば、いかなる悪霊もいかなる曲事《まがこと》も退散せざるを得ません。神霊術修業はそのためにご指導し、実践していただいているのです。神恩教では、みなさんがもっている弱々しい想念や妄念を払拭し、光との合流を達成し、善意の魂をみがいていただきたいと切望いたしております。

神霊術修業の実際

このように説明いたしましても、みなさんの中には、「今ひとつピンとこないな」「具体的なイメージがつかめないな」「本当にそんなことができるのだろうか？」とおっしゃる方がいらっしゃることと思います。

そこで、神恩教で実際に行われている神霊術修業の光景を再現しつつ、もっとわかりやすくお話ししておきたいと思います。

神霊術修業の当日、修業を希望される方々は本部神殿にお集まりいただきます。参会された方々同士なごやかに歓談し、大先生（夏目道夫）とも親しくお話しをしていただいております。「無駄な時間を」と思わないで下さい。修業に入る前に、参加者がお互いの交流をもつことは、気持ちをリラックスさせ、精神を鎮める上でとても大切なことなのです。つまり、神恩教の門をくぐった時点から、神霊術修業ははじまっているといってもよろしいでしょう。

参加者が全員そろった段階で、御神饌としてお供えしてある御神酒を、一人ずつ順番に、厳粛に頂戴していきます。これには、天之御中主大神様と同じものを供食し、身心を清め、神霊を受け入れる準備をするという意味がこめられています。

御神酒拝受の媒酌は大先生がしてくださいます。この時、大先生はたんに媒酌をするだけではなく、参加者お一人お一人の身心の状態を注意深く見定めておられます。後で述べますが、大先生は一般的な鎮魂帰神法でいうところの審神者に相当する役割を果たされておられますので、参加者の身心の状態を把握しておかねばならないのです。その意味では、大先生のお仕事は、この前段階の歓談の時からはじまっているといってもいいでしょう。

御神酒拝受が終わると、全員が御神前に並んで座ります。この時、私（夏目日美子）は御神前の左端に座ります。大先生が全員の前に立ち、御祓いをいたします。これは、天之御中主大神様の御神霊がお降りになる場を清め、また参加者全員の身心を清めているのです。ここまでで、修業をはじめる下準備はほぼ整います。

なごやかな歓談、御神酒拝受、御祓い――この一連のプロセスは、参加者が心をリラックスさせ、精神を鎮め、身心を清めていく過程です。天之御中主大神様と融合することを目的とした神霊術修業では、どうしても欠かせないプロセスなのです。

つぎに、大先生は並んで座っている参加者の最後部に移動されます。私は御神前の左端に座ったままです。参加者には、心を鎮め、指を組みあわせて、瞑想状態に入っていただきます。大先生は参加者の背後から祝詞《のりと》を清澄かつ高らかに奏上いたします。独特の抑揚がついている祝詞の声にあわせ、参加者は指を組みあわせたまま両腕を上下に律動させていきます。

しばらくすると、参加者の身体に霊動が起こりはじめます。天之御中主大神様の御神霊が降りはじめたのです。大先生は祝詞を奏上しながら、参加者の身心の変化や霊動の状態が正しいものであるかどうかを見守っておられます。大先生は、万一参加者が逸脱した状態になった場合、危険を避けるために霊動をお止めになるのです。

ここまでの過程を、一般的な鎮魂帰神法と比較してみましょう。

鎮魂帰神法でいう神様が降りる器である「神主」は、神霊術修業では参加者全員がそれに当たっていることになります。つまり、神霊術修業では、参加者お一人お一人が神様の降りる器になり、一種のトランス状態になるのです。

鎮魂帰神法の「神主」には、霊媒としての特殊な能力が要求されますが、神霊術修業の参加者にはそのようなものは必要ありません。どのような神様が降りてくるか分からない鎮魂帰神法とは違い、神恩教の神霊術修業では降りてくる神様は天之御中主大神様の御神霊だけであり、この唯一絶対の強力な御神力ゆえに特殊な能力は求められないのです。天之御中主大神様のお力は、それほど卓越しておられるといっていいと思います。

一方、鎮魂帰神法の「審神者」は、神恩教の神霊術修業では大先生がその役目をつとめておられます。大先生は参加者の身心の状態を見極め、天之御中主大神様の御降臨を願うために祝詞を奏上し、さらに参加者にどのような形で神霊が降りているのかを注意深く見守っておられるのです。鎮魂帰神法の審神者が一人の神主だけを相手にしているのに対し、大先生は複数の参加者全員に目配りしておられるのですから、精神的な負担はくらべものにならないほど大きいといえます。

このように、私ども神恩教でご指導いたしております神霊術修業は、広い意味での鎮魂帰神法の伝統を継承しておりますが、その実用面、あるいは効用面では、鎮魂帰神法をはるかに凌駕したものとなっています。

神霊術修業を実践し、繰り返していけば、どなたでも、一切の特殊な能力を要せず、天之御中主大神様の御神霊との融合が達成されます。また、大先生が管掌されている限り、悪霊や邪神に憑依される心配はまったくありません。

安全で、容易な神人感応の方法、それが神霊術修業の本質なのです。教祖先生は神恩教の財産、というよりも日本人全体、人類全体の普遍的な財産とすべく、神霊術修業のシステムを確立し、残されたのです。大先生と私の使命は、この神霊術修業をひろめ、より多くの方々に幸せになっていただくことにあると考えています。

神霊術修業の奥義

神霊術修業は、参加者に特別な能力を要求いたしませんので、どなたでも実践できます。しかし、天之御中主大神様と融合し、身心ともに変性し、光の存在になるまでには、修業を積み重ねていただく必要があります。そのためには、神恩教で定期的に行われている修業に参加していただかねばなりません。

また、その人その人のもって生まれた資質によって、霊性が早く開花する方とそうでない方があることも確かです。「私なんかとてもできそうにないわ」と思われる方もいらっしゃるかもしれませんが、そのような方にも天之御中主大神様との融合を実感していただくための奥義が神霊術修業には用意されています。

先に神霊術修業の実際の光景をご説明しましたところで、参加者は神前に向かって並座し、私（夏目日美子）は御神前の左端に座ると記しておきました。大先生の祝詞の声に同調するかのように、参加者に霊動が起こり、天之御中主大神様の御神霊が降りてくるのが神霊術修業の自然な帰結です。

この時、早く天之御中主大神様と融合し、御神力をいただける方と、そうでない方がいらっしゃることも述べておきました。実を申しますと、私の役割はそのような個々人による格差をなくし、平準化するところにあるのです。

神霊術修業がはじまると、私も参加者のみなさんと同じく指を組みあわせて、大先生の祝詞の声にあわせて両腕を律動させます。やがて、それが自動運動に変わり、御神霊が降りてくることも同様です。この限りにおいて、私も参加者と同じであって、鎮魂帰神法でいう神の降りる器となる「神主」であることに変わりはありません。

ただし、私の場合、長年にわたる修業と研鑽の結果、大先生の祝詞の声によって確実に御神霊が降り、霊動が起こります。つまり、お降りになる天之御中主大神様の御神霊を、確実に私自身の身心に迎え入れることができるのです。参加者のみなさんのように、霊動が起きるか起きないかわからない、といった不安定な状態ではないのです。私は、安定した霊媒としての自己を保持し続けているといった方がいいかもしれません。

神霊術修業における私の存在の意義は二つあります。——第一に、安定した霊動、すなわち天之御中主大神様との融合の魁《さきがけ》となり、参加者を先導するということ。第二に、霊動の起きない方々にも、私を通じて降りている天之御中主大神様の御神力を授け与えるということ。——つまり、私は参加者が天之御中主大神様と融合するのを介助し、さらに融合にいたらない方にも御神力を授ける、という二重の役割を負っていることになります。

このことは、神恩教の神霊術修業が一般的な鎮魂帰神法と一線を画している特色の一つといっていいでしょう。修業の上では未達成な方でも、必ず天之御中主大神様と融合し、御神力を授かることができるのが、私ども神恩教の神霊術修業なのです。私が御神前の左端に独座して控えているのは、そのような二重のお役目を果たすためなのです。

「自信がないわ」と思われている方や、「本当に神様が降りてくるのだろうか」と疑問を抱いている方も、是非とも修業に参加してみて下さい。天之御中主大神様のお力に満たされた神人融合体験ができることでしょう。だれもが平等に天之御中主大神様のお力を授かることができ、また天之御中主大神様のお力はだれにも等しく降り注いでいることを実感できるのが神恩教の神霊術修業なのです。

さて、ここでもう一つの神霊術修業の奥義について語っておかなければなりません。それは、この神霊術修業を積み重ねていくことによって加持《かじ》・神占《しんせん》の能力がどなたにも授けられるということです。

そもそも、神霊術修業の霊動とは、振動を感じることであり天之御中主大神様のお力が心身に入ることにほかなりません。このことによって、自分以外の人の病気を治したり（加持）、神様にことのよし悪しを尋ねる神占の能力が身についてくるのです。

宇宙そして高天原は、振動そのものから成立し、今も振動に満ちています。大は天体の運行から、小は分子・原子・素粒子の旋回まで、すべてがこの大いなる振動の発現といっても過言ではありません。神霊術修業は、天之御中主大神様と自己との融合であると同時に、もう一面ではこの宇宙の大いなる振動と自己が同調することでもあるのです。この意味では、天之御中主大神様のお力と大いなる振動力は一体のものなのです。

加持とは、手から集中的に天之御中主大神様の力＝宇宙の振動力・エネルギーを放射させることによって、病気療法を行うことです。しばしば、中国の気功とどう違うのかと質問されますが、気功はどなたでも多少おもちの自然治癒力に働きかけ、自力で回復させようとして、生体エネルギーを強化すべく、大地の気と天の気を連動させながら治療を行うものです。

加持の場合、「天之御中主大神様の力」を直接体につけ（「神づけ」という）て治していくわけで、それには当然病気治しだけではなく魂の浄化と肉体の浄化を含み、心身のあらゆる毒素をとり除きながら、大神様の強大なお力と御守護を受けることになるのです。そして、これこそが真の神人感応の極致なのです。

秘法中の秘とされてきた神霊術修業は、このようなはかりしれないほどの大きなお力を授けていただけるため、今までは限られた方にのみ伝授してまいりました。しかし、私はこの「神霊術修業」を一般公開してもよい時期になったと考えています。それは、神霊術修業が宗教の原点である「困った人を助ける」方法の一つにほかならないからです。

三、理想的な宗教とは？

私はこの二十一年間、理想的な宗教をめざして地道に修業してまいりました。人格、神通力などに秀でた宗教家がひっそりと生活し、どこか踏み外した宗教家や事業家的な発想の宗教家、あるいは犯罪としか思えない危ない考えの教団が目立ってしまっているのはとても残念です。また、実際によほどいやな思いでもなさったのか、「宗教なんて大嫌い」とおっしゃる方が大勢いらっしゃるのも事実です。

そのような方の御意見も聞かせていただきました。そして、全体としてこの国には、信仰心のある方が少ないこともよくわかりました。

現状はともかく、宗教界にいる者には、宗教家としての社会的責任があると思います。それは、自分は一生修業の身であるとわきまえることだと思います。また、つねに相談者の側に立った上での気配りと、慮《おもんばか》りを忘れてはなりません。

今時の人は、老いも若きも他人の批判はよくいうわりに、自分では何もいたしません。つまり、自分のことさえよければいいという、ご都合主義の人が多いようです。時代の流れなのかもしれませんが、心にゆとりや思いやりが欠けているのではないでしょうか。そして、何よりも忍耐力と根性が欠けていませんか。そういう人ばかりでは、国家の存亡にかかわってしまうのではないかという危機感をいだかざるを得ません。

天之御中主大神様のお造りになったこの地球を、この国土を、さらには全人類を守りぬくために、理想的な宗教を弘めていくことが少しでもお役に立つようならば、私にとってこれに勝る幸いはありません。理想的な宗教とは、おおむねつぎのような特色があると私は考えています。

(一) 経済的な負担にならないこと

どんなに信仰したくとも、その団体がやたらに高額な寄付を要求したり、セミナーなどと称して多額の料金を取ることは良心的ではないと思います。「出家」と称して、全財産を寄進させた団体がありましたが、本来「出家」なさる人は自分の財産や所有物は家においてくるものなのです。身一つで家を出て、仏門に入るのが「出家」なのです。「出家」と全財産寄進が同時という、おかしな法則に気づかれないのでしょうか。そういう団体が不気味に活動している現実も、見逃してはいけません。

（二）何が祀られているかが明確であること

お参りにいってはいるものの、その団体が何を祀っているのか、一番大切なことがわかっていない人が案外多いのです。

神道なら御祭神、仏教なら宗派によって本尊がはっきりしていなければいけません。清浄な御神殿（あるいは御本殿）が備えられているところは、おおむねきちんとしております。

（三）やめるにやめられないということがない

よく相談されることですが、宗教はこわいという方がいらっしゃいます。やめたい時にしつこくないかとか、変に洗脳されたりしないかとか、はてはカルト集団であったらどうしようとか、淫祠《いんし》邪教ではないかといった不安と恐れです。

良心的な宗教団体は、むやみやたらとしつこい勧誘はいたしません。また、やめたい人に対しても実にあっさりとしています。参加、不参加は御本人の自由意志だからです。

（四）代表者の人格

これが最も大事です。大きな団体になってはいるものの、実は代表者に詐欺の前科があったり、裁判沙汰を起こしたことがあるというところもあるのです。

（五）地域への貢献や他宗教に対しても協力的である

いい団体は自分の教団のことだけを考えず、地域に貢献したり、ボランティア活動に参加したりしています。むやみに他教を批判、中傷することもありません。

また、それぞれの宗教法人の歴史や活動については、教派神道連合会や新日本宗教団体連合会（東京ＴＥＬ〇三—三四六八—五五八八、大阪ＴＥＬ〇六—六四四三—七一七八）などに問い合わせてみるのもよろしいかと思います。宗教団体は多数ありますので、どこにいってよいかわからない方は、お問い合わせの上で参考になさって、自らの焦点を定めて下さい。

(一)~(五)の条件をクリアして、神事あるいは仏事に真面目に取り組んでいらっしゃるようであれば、そこはおおむね良心的なところだと判断していいと思います。

●「願かけコース」への申し込み方法

最後になってしまいましたが、神恩教では「願かけコース」への申し込みを、一般の方々からも受け付けることにいたしました。この「願かけコース」は天之御中主大神様のお力を授かるもので、これまでは特定の会員の希望だけを受け付けていたものです。

だれにもいえない悩みを抱えて困っている方、もう自分が壊れてしまいそうな方、空気が抜けてしまった風船のように人生を諦めてしまいそうな方、どのような方もどうぞ諦めないで下さい。救いの道は必ずあるのです。

かつては、公事も私事も神の道にのっとって行われていたのですが、現在はその道が見失われてしまっているのです。そのために、私たちは災いの多い衰えた時代を生きなければならなくなってしまっているのです。

神恩教には、その神の道があり、生きています。そして、日々実践されています。天之御中主大神様のお力を授かることにより、あなたの将来は希望に満ちたものになることでしょう。

「願かけコース」参加希望の方は、巻末の申込書に必要事項をご記入の上（コピーしてご利用下さい）、申込金三千円を用意して、毎月一日もしくは十五日の、午前十一時か午後七時に、神恩教までお集まり下さい（巻末の地図参照）。近所の駐車場は混雑しておりますので、お車でのご参加はできるだけおひかえいただき、京成線か東武線をご利用いただければと思います。みなさまとの素晴らしい出逢いを心待ちにいたしております。

●「神霊術修業」への申し込み方法

前述いたしましたように、神霊術修業は天之御中主大神様との融合を果たす、大変高度な神道体験です。したがって、あらかじめ説明会に参加して概要をお知りいただかねばなりません。神霊術修業は会員制ですので、説明会に参加していただきますと、自動的に会員として登録されます。

「神霊術修業説明会」参加希望の方は、巻末の申込書に必要事項をご記入の上（コピーしてご利用下さい）、会場費用（茶菓代）千円を用意して、毎月第一日曜日の午前十一時に、神恩教までお集まり下さい（巻末の地図参照）。やはり、お車ではなく電車をご利用いただければ幸いです。

●その他のお問い合わせ方法

神恩教にお参りしてみたいという方、案内書送付希望の方などは、つぎの連絡先にお問い合わせ下さい。

神恩教本部（お手紙・ＦＡＸのみ）
〒１３１－００３２　東京都墨田区東向島６－23－５
ＦＡＸ　０３－３６１２－６１７７（受付時間午前９時～午後９時まで）

あとがき

失われた十年が過ぎ去り、世の中は不透明なままで一体どこに向かおうとしているのでしょうか。私たちは一体どこにいけばよいのでしょうか。

天之御中主大神様は、本書でもご紹介した通り、宇宙創造の元神様であり、最高の御位におられる神様です。古来、この御位の高さから、天之御中主大神様を御祭神とすること自体、畏れ多いこととされてまいりました。また、天之御中主大神様の御働きが不明とされてきたのも、この御位の高さゆえと考えられます。

その謎に満ちた天之御中主大神様の御働きを、一般の人々が容易に理解し、受容することができるようにという配慮から考案されたのが、これまで私ども神恩教で秘中の秘とされ、門外不出とされてきた、「神霊術修業」なのです。

私は本書で、長年にわたる封印を解き放ちました。これからは、この「神霊術修業」

が、新生の時期《とき》を告げる音楽のように高らかに鳴り響きはじめ、世に出ていくことでしょう。

私たちは、この世も天国とすべきであり、あの世も天国としなければなりません。そうするためには、私たちはどのようにしたらよいのでしょうか。人間の霊魂はとても大切です。霊魂の曇りを払拭し、無我の境地に立って、大直日の神様に私たちの間違っているところを匡《ただ》していただくほかありません。

これからは、信仰もひたすら手を合わせて拝んでいればいいという時代ではありません。手を合わせる人の精神こそが大事であり、そのありかたが問われなければならないのです。

宗教も企業が淘汰されていくように、どんどん篩《ふるい》にかけられて選別されていくことでしょう。宗教が原因の戦争は今も世界のあちこちで続いており、人心を惑わし世間を混乱させる宗教家も跡を絶つことなく続出しています。これでは、「宗教不信」の人が多くなってしまうのもわからないではありません。

私は一宗教家として、理想の宗教のありようを追究して止まない者でございます。確かに、私の抱懐しているような理想主義的な宗教観をご理解いただくまでには時間がかかることでしょうし、道もそう平坦ではないでしょう。しかし、どのように厳しい道のりであっても、どのようなことが起こっても、私たち神恩教では天之御中主大神様の絶大なるお力を信じております。

神恩教では、天之御中主大神様のお力を授かり、そのお力の顕現を目の当たりにしているのですが、人間が自ら考えるという主体性も大切にしております。天之御中主大神様に頼りっきり、というわけではないのです。

本書を手にとって下さった方々のだれもが、心身両面に無限絶大なる天之御中主大神様のお力を授かり、この世とあの世の大安心を得て、生き生きとした人生を歩んで下さることを願って止みません。

最後に、参考文献の著者の先生方、八幡書店社主の武田崇元氏、今日の話題社の久米晶文氏には一方ならぬお世話をおかけいたしました。みなさま方のご尽力に心より感謝申し上げておきます。

平成十二年五月十八日　　夏目日美子

願かけコース参加申込書

住所

氏名

年齢

職業

平成　年　月　日

宗教法人　神恩教御中

神霊術修業説明会参加申込書

住所

氏名

年齢

職業

平成　年　月　日

宗教法人　神恩教御中

案内図

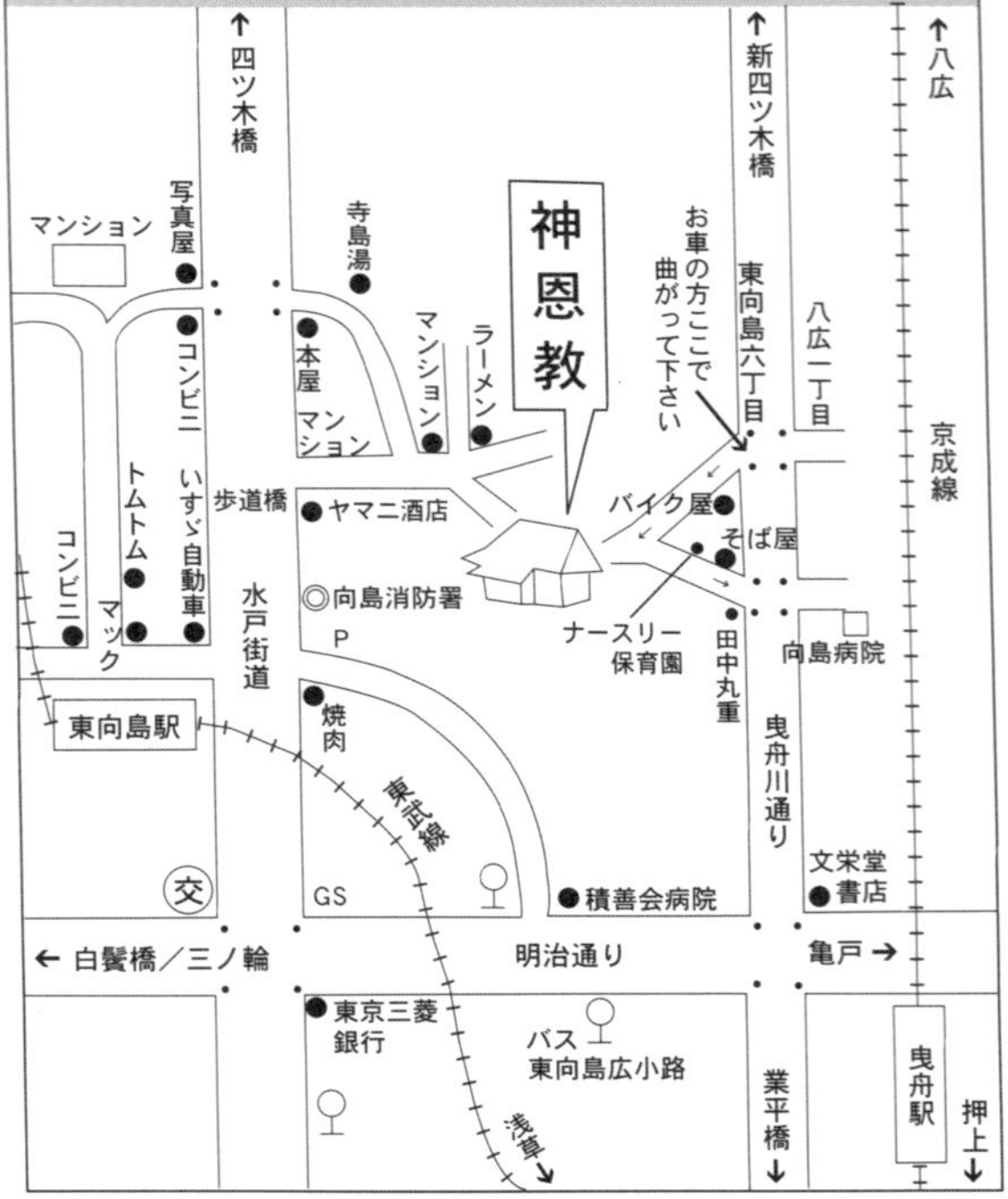

〒131－0032

東京都墨田区東向島6－23－5

宗教法人 神 恩 教

【著者略歴】

夏目日美子（なつめ　ひみこ）

1948年東京生まれ。幼少時より神秘体験を重ねる。1970年専修大学商学部卒業。高嶋呑象次に易の才能を認められ、3年で易学師範となる。その後、手相、姓名判断、風水など東洋易学全般を習得。1980年占いによる救済の限界を感じ、神道研究に入り現在に至る。宗教法人・神恩教責任役員。著書に『本当は内緒にしたい神様の話』（たま出版）がある。

夏目日美子の

この世とあの世のお話

2001年6月25日　初版発行

著　　者　夏目　日美子

カバー画
挿　　画　伊奈羽　翼

装　　幀　谷元　将泰

発 行 者　和田　平作

発 行 所　今日の話題社
東京都品川区上大崎2-13-35 ニューフジビル2F
TEL 03-3442-9205　FAX 03-3444-9439

組　　版　初木　葉陽

印　　刷　（株）シナノ

製　　本　難波製本

用　　紙　神田洋紙店

ISBN4-87565-517-7 C0014